Guía de la Clínica Mayo sobre manejo de la incontinencia

Paul Pettit, M.D.

Editor en jefe

Clínica Mayo
Rochester, Minnesota

Guía de la Clínica Mayo sobre Manejo de la incontinencia urinaria brinda información confiable acerca de cómo obtener ayuda para la incontinencia. Gran parte de la información proviene directamente de la experiencia de profesionales en la atención a la salud en la Clínica Mayo. Este libro complementa el consejo del médico personal, al cual debe consultar para condiciones médicas individuales. *Guía de la Clínica Mayo sobre Manejo de la incontinencia* no patrocina a ninguna compañía o producto. MAYO, CLÍNICA MAYO, SOLUCIONES PARA LA SALUD DE LA CLÍNICA MAYO y el logotipo de tres escudos de la Mayo son marcas de la Fundación Mayo para la Educación e Investigación Médica.

Publicada por Mayo Clinic Health Information, Rochester, Minn. Distribuido para venta de libros por Kensington Publishing Corporation, New York, N.Y. Para ventas a granel a empleados, miembros de grupos y compañías de atención a la salud contacte a Mayo Clinic Health Management Resources, 200 First St. S.W., Rochester, MN, 55905, o envíe un correo electrónico a SpecialSalesMayoBooks@Mayo.edu.

Créditos de fotografías: Las fotografías de la portada y de las páginas 60, 99 y 133 son de PhotoDisc ®; las fotografías de las páginas vi y 1 son de Stockbyte.

First Edition

1 2 3 4 5 6 7 8 9 10

La traducción al español de esta edición ha sido realizada por Intersistemas, S.A. de C.V. bajo la autorización de Mayo Foundation for Medical Education and Research. Intersistemas, S.A. de C.V. se hace responsable de la precisión de la misma.

Número de control de biblioteca de congreso: 2005921650
ISBN 1-893005-31-3
ISBN 978-607-443-030-1 (Edición en español)

Intersistemas, S. A. de C.V.
Aguiar y Seijas 75
Lomas de Chapultepec
11000 México, D. F.
Tel.: (5255) 5520 2073
Fax: (5255) 5540 3764
intersistemas@intersistemas.com.mx
www.intersistemas.com.mx

Edición especial para Editorial Trillas, S.A. de C.V.
División Administrativa y Editorial
Av. Río Churubusco 385,
Col. Pedro María. Anaya, C.P.03340
Impreso en México

Acerca de la incontinencia

La incontinencia no es algo de lo que es fácil hablar — en especial cuando usted o un ser querido la presenta. Hablar de ella con la familia, los amigos o el médico, requiere valor. Y platicar acerca de ella a menudo es el primer paso para obtener ayuda.

Durante largo tiempo se pensó que la incontinencia era sólo el resultado de un proceso de envejecimiento y que no había mucho que hacer para reducir o eliminar sus efectos. Eso ya no es cierto.

Se han logrado significativos avances en el tratamiento de la incontinencia urinaria; ahora están disponibles nuevos medicamentos que reducen o eliminan sus signos y síntomas. Los tratamientos de mínima invasión con materiales como los agentes de volumen de larga duración ofrecen alivio para personas con incontinencia urinaria. Y los desarrollos en la tecnología médica, como la estimulación del nervio sacro, brindan opciones para reducir o aliviar problemas asociados tanto con la incontinencia urinaria como con la fecal.

La incontinencia no por fuerza es algo con lo que simplemente se debe aprender a vivir. Se puede tratar y, en muchos casos, mejorar o curar.

Acerca de la Clínica Mayo

La Clínica Mayo evolucionó de la práctica del Dr. William Worrall Mayo y la participación de sus dos hijos, William J. y Charles H. Mayo, en los inicios de la década de 1900. Presionados por las demandas de su agitada práctica en Rochester, Minn., los hermanos Mayo invitaron a otros médicos a unírseles, siendo pioneros del grupo de práctica privada de la medicina. En la actualidad, con más de 2 000 médicos y científicos, la Clínica Mayo está dedicada a brindar diagnósticos completos, respuestas correctas, y tratamientos efectivos en tres ubicaciones principales en Rochester, Minn., Jacksonville, Fla., y Scottsdale, Ariz.

Con su vasto conocimiento médico, experiencia y pericia, la Clínica Mayo ocupa una posición sin igual como fuente de información en salud. Desde 1983 ha publicado información en salud confiable para millones de consumidores a través de reconocidos periódicos, libros y servicios en línea. La renta de esas actividades editoriales apoya los programas de la Clínica Mayo, incluyendo educación médica e investigación.

Equipo editorial

Editor médico en jefe
Paul Pettit, M.D.

Editor principal
Richard Dietman

Editor
Sara Gilliland

Editor en jefe, libros y revistas
Christopher Frye

Editor de copias
Mary Duerson

Lectores de pruebas
Miranda Attlesey
Donna Hanson

Jefe de investigación
Deirdre Herman

Bibliotecarios de investigación
Anthony Cook
Dana Gerberi
Michelle Hewlett

Escritores colaboradores
Rachel Bartony
Lee Engfer
Kelly Kershner

Director creativo
Daniel Brevick

Director de arte
Stewart Koski

Ilustración
Christopher Srnka

Ilustración médica
M. Alice McKinney

Indización
Steve Rath

Asistentes administrativos
Beverly Steele
Terri Zanto-Strausbauch

Editores y revisores colaboradores

Anita Chen, M.D.
Heidi Chua, M.D.
Jeffrey Cornella, M.D.
Cynthia Feldt, M.P.T., A.T.C.
John Gebhart, M.D.
Nancy Itano, M.D.
Christopher Klingele, M.D.

Stephen Kramer, M.D.
Deborah Lightner, M.D.
John Pemberton, M.D.
Steven Petrou, M.D.
Mark Schwartz, Ph.D.
Karen Wallevand

Prefacio

Este libro intenta ser una fuente de esperanza para todas las mujeres, los hombres y niños que presentan problemas de vejiga e intestino. Entre 13 millones y 20 millones de personas en Estados Unidos tienen incontinencia urinaria, y más de 6 millones de personas presentan alguna forma de incontinencia fecal. Debido al estigma asumido, muchas personas permanecen renuentes a hablar acerca de los problemas vesicales e intestinales con el médico. Además, muchos proveedores de atención todavía creen que la incontinencia es una parte normal del envejecimiento y que sólo se necesita aceptar el problema y aprender a vivir con él.

Nuestro mensaje es que la mayoría de los casos de incontinencia, sean de la vejiga o del intestino, se pueden mejorar o curar. La terapia inicial, excepto en raras circunstancias, incluye medidas no quirúrgicas, como cambios en la dieta, manejo intestinal, control de líquidos, terapia física, ejercicios de Kegel y la eliminación o la adición de medicamentos. Si estos métodos no le dan la calidad de vida que requiere, o no puede tolerar los medicamentos, entonces la cirugía podría ser una opción.

Este libro le puede ayudar a seleccionar un proveedor de atención y prepararlo para una consulta. Le describe pruebas que podrían necesitarse para diagnosticar el tipo específico de incontinencia, y explica las numerosas opciones de terapia disponibles. Hemos incluido un apéndice para referencia rápida a temas como las restricciones nutricionales, los ejercicios de Kegel, la instrucción vesical, medicamentos que pueden originar o empeorar la incontinencia, y referencias en Internet para otros recursos. Esperamos que este libro le ayude a tener una mejor comprensión de la incontinencia, y le sirva como guía para obtener atención médica eficaz que le lleve a una mejor calidad de vida.

Paul Pettit, M.D.
Editor en Jefe

Contenido

Parte 2: Incontinencia fecal

viii

Parte 1

Incontinencia urinaria

Capítulo 1

¿Tiene incontinencia urinaria?

¿● Mientras se dirige al centro comercial revisa en su mente la localización exacta de cada baño antes de llegar? ¿Cuando se está divir-
tiendo con amigos, conscientemente suprime la risa por temor a
orinarse? ¿Al insertar la llave en la cerradura de la puerta de su casa o
departamento está agobiado por una incontrolable urgencia de orinar?
¿Tiene fuga de orina cuando tose o estornuda?

Si su respuesta a alguna de estas preguntas es sí, podría tener incontinencia urinaria — incapacidad de contener la orina hasta que puede ir
al baño. Podría presentar fugas ocasionales menores de gotas de orina.
O el problema podría ser tan grave que la frecuencia de orinar sea alta.
La incontinencia urinaria por lo general se define como la pérdida involuntaria de orina que es lo suficientemente grave para ser un problema
social o de higiene personal. Los médicos casi siempre dan un diagnóstico de incontinencia urinaria cuando la fuga de orina es la suficiente
para tener un efecto negativo en la calidad de vida, en especial en situaciones sociales.

La incontinencia urinaria es una condición médica

Ésta es la realidad. La incontinencia urinaria no es una parte normal
del embarazo o del envejecimiento. Tiene muchas causas, algunas relativamente simples y temporales y otras más complicadas y de largo
plazo. Y aunque es una condición médica, también puede afectar otros
aspectos de la vida, incluyendo las finanzas y el bienestar psicológico.

La incontinencia urinaria puede ser tratada, y en muchos casos, eliminarse por completo. Incluso cuando no se elimine del todo, el tratamiento adecuado puede mejorar el malestar y la inconveniencia de la incontinencia y elevar la calidad de vida. Y con los avances de hoy la mayoría de las personas que la padecen se pueden ayudar de alguna manera.

En Estados Unidos se gasta un estimado de 20 mil millones de dólares al año para tratar y manejar la incontinencia urinaria. La mayor parte de este dinero se invierte en toallas absorbentes y otros productos para manejar la condición. Cerca de 10% es para diagnóstico y tratamiento. Si está luchando contra la incontinencia urinaria debería saber que ésta también puede afectar su bolsillo.

La incontinencia urinaria puede representar además una pérdida emocional. La vergüenza asociada con la condición puede originar aislamiento social, depresión, ansiedad e incluso disfunción sexual. Un estudio encontró que las mujeres con incontinencia urinaria grave fueron 80% más susceptibles a presentar depresión importante, en comparación con las que no eran incontinentes. En otro estudio, los investigadores encontraron que los varones y mujeres con incontinencia urinaria tuvieron 50% mayor riesgo de tener síntomas de ansiedad, en comparación con aquellos que no tenían incontinencia.

Si tiene un problema con la incontinencia urinaria, podría estar renuente a hablar con el médico acerca de ello. Algunos estudios sugieren que por lo menos la mitad de las personas que luchan contra la incontinencia urinaria no informan el problema a sus médicos o a otros profesionales de atención a la salud. Usted podría estar avergonzado de hablar de esto, al igual que muchas personas. O estar convencido de que la incontinencia urinaria es algo con lo que sólo tiene que aprender a vivir. Podría tener la errónea idea de que la incontinencia urinaria es una consecuencia inevitable del embarazo, la menopausia o del envejecimiento —y de que es un desperdicio de tiempo tratar de hacer algo al respecto. Incluso algunos médicos tienen este punto de vista.

Si tiene problemas con la incontinencia urinaria, no permita que la vergüenza se lleve lo mejor de usted. Vea a su médico. Si él no tiene una actitud positiva acerca del tratamiento de la incontinencia, entonces vea a otro proveedor de atención, tal vez a algún especialista en incontinencia. Aunque el problema no es una enfermedad, a menudo indica una condición subyacente que tal vez se puede tratar. Una evaluación minuciosa por parte del médico puede ayudar a determinar qué está detrás de la incontinencia. Una vez que haya dado el paso importante de obtener una evaluación estará en el buen camino para recuperar una vida más activa y confiable.

¿Qué tan común es la incontinencia urinaria?

La incapacidad para controlar la liberación de orina de la vejiga (incontinencia urinaria) es común. Los estimados varían, pero la mayoría de los expertos calculan entre 13 millones y 20 millones el número de estadounidenses afectados por la condición.

La incontinencia urinaria es mucho más común entre las mujeres. Se estima que de 10 a 30% de las mujeres que tienen entre 15 y 64 años tiene incontinencia urinaria. Entre los varones de este mismo rango de edad la prevalencia estimada es de sólo 1 a 5 por ciento.

¿Qué provoca esta diferencia? La uretra de una mujer –el tubo que corre de la vejiga a la apertura uretral— es mucho más corta que la del varón (véase la ilustración en la página 7). Esto significa que la orina de una mujer tiene una distancia más corta para viajar y causar fuga. Otras posibles razones para la diferencia son el embarazo y el parto, los cuales pueden debilitar o dañar los músculos del piso pélvico y el anillo de músculos que rodea a la uretra, esto es, el esfínter uretral. Con estos músculos debilitados, la orina se puede escapar siempre que se aplique presión en la vejiga.

Otro motivo para la diferencia es la menopausia; la reducción de estrógenos que le sigue afecta a los órganos y tejidos del tracto urinario inferior. Esto puede contribuir con los cambios en las cubiertas de la vejiga y de la uretra, haciéndolas menos elásticas y capaces de permanecer cerradas. Después de la menopausia el esfínter uretral de una mujer podría simplemente no ser capaz de contener la orina como lo hacía antes, lo cual produce incontinencia urinaria.

En los varones, la incontinencia está más estrechamente asociada con el envejecimiento y problemas de salud relacionados con la edad. De los varones mayores de 60 años que están viviendo en casa, entre 5 y 15% tiene incontinencia urinaria. La enfermedad prostática es también un factor significativo. Una glándula prostática crecida (hiperplasia prostática benigna), cirugía prostática y otros tratamientos para el cáncer de próstata pueden causar diversos grados de incontinencia urinaria en los varones. La incontinencia urinaria no es una parte "normal" del envejecimiento, sin embargo, se dice que sí aumenta con la edad. Los médicos y científicos estiman que entre los adultos mayores de 65 años de edad que están viviendo en sus casas, 15 a 30% tiene incontinencia urinaria. Cuando se considera a todos aquellos que viven en instalaciones de atención a largo plazo, el número se eleva por lo menos 50 por ciento.

¿Por qué sucede esto? Conforme se envejece, los músculos de la vejiga y la uretra pierden parte de su fuerza. Estos cambios relacionados con la edad reducen la cantidad de orina que la vejiga puede contener, lo cual significa que tiene que orinar con mayor frecuencia. Si no hace caso a la llamada lo suficientemente rápido, se puede presentar incontinencia urinaria.

Con la edad los músculos del piso pélvico también se debilitan, comprometiendo más la capacidad para sostener la orina. Alguna investigación sugiere que el músculo de la vejiga (detrusor) se torna hiperactivo con la edad, lo cual provoca la urgencia para orinar antes de que la vejiga esté llena y puede llevar a incontinencia urinaria.

¿El resultado? Millones de personas presentan incontinencia urinaria todos los días. Están afectados mujeres y varones de todas las edades, algunos más que otros. Las buenas noticias son que esto es tratable y a menudo curable.

Para comprender el sistema urinario

Para comprender la incontinencia urinaria es de ayuda tener cierto conocimiento básico acerca de los órganos y otras estructuras que hacen que funcione el sistema urinario. Cuando come o bebe, el cuerpo degrada lo que come y bebe en sustancias que se pueden absorber al torrente sanguíneo. El cuerpo absorbe líquidos y nutrientes, pero el exceso de líquidos y desechos se acumula en el torrente sanguíneo. El trabajo del sistema urinario es remover, colectar, almacenar y eliminar estos productos de desecho del torrente sanguíneo —y finalmente del cuerpo— por medio del proceso de diuresis.

Sistema urinario superior

El sistema urinario tiene dos partes principales: superior e inferior. El sistema urinario superior consta de dos riñones, cada uno unido a un largo tubo muscular llamado uréter.

Los riñones son el principal sistema de filtración del cuerpo, eliminan el exceso de líquidos y desechos del torrente sanguíneo para for-

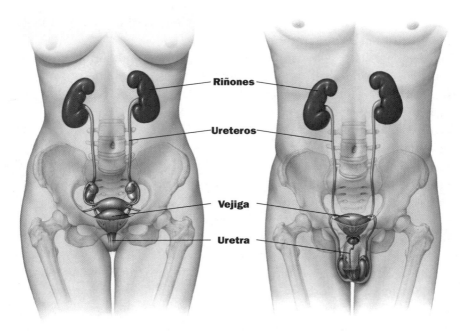

Los tractos de la mujer (izquierda) y del varón (derecha) son esencialmente los mismos. La principal diferencia es que en las mujeres la uretra es más corta que en los varones.

mar la orina. Los riñones de un adulto filtran cerca de 150 litros de sangre cada día y forman cerca de 1½ litros de orina. Los ureteros llevan esta orina a la vejiga, liberándola continuamente en cantidades pequeñas, constantes. La gravedad y las contracciones musculares en los ureteros empujan la orina a través de estos a la vejiga.

Tracto urinario inferior

El tracto urinario inferior consta de la vejiga, un tubo lejano de drenaje en su base llamado uretra, y dos bandas de músculos semejantes a un anillo en la unión de la vejiga y la uretra llamadas esfínteres uretrales interno y externo.

La vejiga —un saco muscular parecido a un balón almacena la orina. Cuando se orina, el músculo de la vejiga se contrae, empujando la orina fuera de la vejiga y a través de la uretra. En las mujeres, la uretra mide cerca de 3.75 cm de longitud, y su apertura hacia el exterior del cuerpo está localizada por arriba de la vagina, entre el clítoris y la abertura vaginal. En los varones la uretra mide cerca de 20 cm de longitud. Pasa a través de la glándula prostática en forma de nuez en la base de la vejiga y a través de la longitud total del pene. Su apertura está en la punta del pene.

El esfínter uretral ayuda a controlar la liberación de orina. El esfínter interno, hecho de músculos sobre los cuales no se tiene control (músculos involuntarios), mantiene la uretra cerrada mientras la vejiga se llena, evitando que la orina se fugue. Esto sucede sin esfuerzo consciente de la persona. Cuando la vejiga está casi llena, el esfínter interno automáticamente se relaja, respondiendo a un mensaje proveniente del centro de control de la vejiga en el cerebro. Es en este momento cuando el esfínter externo empieza a trabajar. Hecho de músculos que se pueden controlar conscientemente (músculos voluntarios), el esfínter externo contrarresta la acción relajante del esfínter interno, ayudando a mantener la uretra cerrada hasta que se pueda llegar al baño a orinar.

Jugando un papel de apoyo en todo están los músculos del piso pélvico —el cual está constituido de una red de músculos semejantes a una hamaca que se extiende desde el hueso púbico, en la parte frontal de la pelvis, hasta el hueso que está en la base de la columna vertebral. Cuando hay orina los músculos del piso pélvico se relajan, permitiendo que la orina salga del cuerpo con facilidad. Entre los episodios de diuresis, los músculos del piso pélvico se contraen ligeramente, conteniendo la orina y soportando a la vejiga desde abajo. Los nervios que corren desde la médula espinal hasta la vejiga coordinan la acción de los músculos del piso pélvico. Debido a que estos músculos están bajo control voluntario, se pueden fortalecer con ejercicio (véase "Ejercicios para el piso pélvico" en el Apéndice, página 191).

Diuresis normal

La diuresis normal es un proceso coordinado que incluye a los múltiples órganos, conductos, músculos y nervios del sistema urinario. Una vez que la vejiga está casi llena, los nervios de la zona envían una señal al cerebro y éste manda un mensaje para relajar el esfínter uretral interno, creando el primer deseo de orinar. Entonces la persona decide si es el momento y el lugar adecuados para hacerlo.

Cuando decide orinar, suceden muchas cosas. El esfínter uretral externo y los músculos del piso pélvico se relajan, permitiendo que la orina salga del cuerpo. El esfínter uretral interno también se relaja, aumentando la presión dentro de la vejiga y empujando la orina hacia la uretra. Después el músculo vesical se contrae, la orina pasa a través de la uretra y sale del cuerpo.

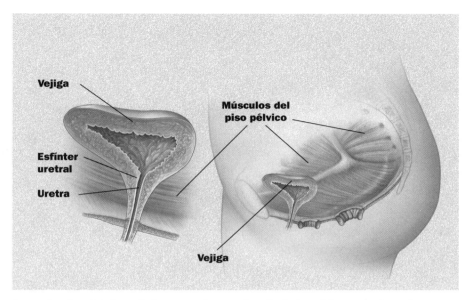

Los músculos del piso pélvico se contraen a través de la pelvis y soportan a las estructuras del abdomen inferior, incluyendo a la vejiga. Cuando los músculos del piso pélvico se debilitan, puede resultar incontinencia.

El buen control de la vejiga no es tan fácil como parece ser. La diuresis es un proceso complejo que incluye relajar una parte de la pelvis mientras se contrae otra. Los órganos, conductos, músculos y nervios en el sistema urinario deben trabajar juntos. Si alguna parte funciona mal, puede dar como resultado incontinencia.

Tipos de incontinencia urinaria

La incontinencia urinaria —incapacidad para controlar la liberación de orina de la vejiga— se clasifica por los signos y síntomas o por las circunstancias en el momento de la fuga de orina. Los cinco tipos principales son incontinencia por estrés, vejiga hiperactiva, incontinencia mixta, incontinencia por rebosamiento, e incontinencia funcional.

Incontinencia por estrés

Se refiere a la fuga de orina cuando se ejerce presión en la vejiga al toser, estornudar, reírse, hacer ejercicio o levantar algo pesado. La fuga se presenta aunque el músculo vesical no se contraiga, y podría no sentirse el deseo de orinar. El problema es especialmente notable cuando la vejiga se llena demasiado. Toser, reírse, o esforzarse pueden causar que un poco de orina se salga o pueden incluso provocar un chorro más largo.

La incontinencia por estrés puede ser muy molesta, pero la condición no tiene nada que ver con el estrés psicológico. Utilizada aquí, la palabra *estrés* se refiere al esfuerzo físico en la vejiga que se presenta debido a las acciones que aumentan la presión en el abdomen.

Los médicos por lo general clasifican esta forma de incontinencia en dos subtipos — hipermovilidad uretral y deficiencia esfinteriana intrínseca.

Con la hipermovilidad uretral, la vejiga y la uretra cambian hacia abajo en respuesta al aumento de la presión abdominal y no hay suficiente soporte de los músculos en forma de hamaca del piso pélvico para ayudar a mantener la uretra cerrada. Como resultado, la orina se fuga cuando la persona tose, se ríe o estornuda.

Con la deficiencia esfinteriana intrínseca hay un problema con el esfínter que evita que se cierre por completo o que permite que se abra bajo presión, lo cual hace que la uretra se abra como un tubo de desagüe. Esto también hace que se fugue la orina cuando se tose, se ríe, estornuda o aumenta de otra forma la presión en el abdomen.

Rebosamiento	**Estrés**	**Vejiga hiperactiva**
		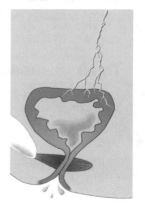

La incontinencia por rebosamiento (izquierda) se caracteriza por diuresis frecuente o goteo de orina. En la incontinencia por estrés (al centro), la orina se fuga cuando se ejerce presión en la vejiga al toser, reírse, levantar algo o simplemente al salir de la cama. Con la vejiga hiperactiva (a la derecha) el músculo vesical se contrae con mucha frecuencia, señalando al cerebro que tiene que orinar. Se caracteriza por una pérdida súbita, involuntaria del control de la vejiga.

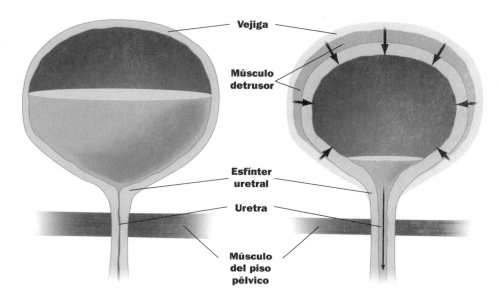

El músculo detrusor rodea a la vejiga. Cuando se contrae (a la derecha) y cuando el esfínter de la uretra en la base de la vejiga se relaja, la orina fluye a través de la uretra.

En las mujeres, la incontinencia por estrés puede ser el resultado de que los pisos y nervios del piso pélvico se han debilitado o dañado durante el embarazo y el parto. Algunos expertos piensan que las mujeres que han dado a luz por vía vaginal están en mayor riesgo de desarrollar este tipo de incontinencia, aunque no todos los estudios apoyan este punto de vista. El envejecimiento y la disminución de estrógenos con la menopausia son también factores conocidos. En los varones, la causa más común de incontinencia por estrés es el daño al esfínter uretral como resultado de cirugía prostática o de fractura de cadera.

Los varones y mujeres que tienen condiciones pulmonares que causan tos frecuente, como el enfisema, a menudo desarrollan incontinencia por estrés. La tos frecuente aplica estrés en el esfínter urinario. Los fumadores crónicos también presentan incontinencia por estrés por este mismo motivo.

Vejiga hiperactiva

La vejiga hiperactiva con mayor frecuencia se caracteriza por una urgencia frecuente de orinar, algunas veces seguida de una pérdida súbita e involuntaria del control de la vejiga antes de que se pueda llegar al baño. Normalmente se orina seis o siete veces al día; la vejiga mantiene de 180 a 350 mL de orina. Con una vejiga hiperactiva, se podría orinar 13 o más veces al día, en pequeñas cantidades todo el tiempo. El deseo de orinar puede incluso despertarlo varias veces en la noche. Orinar con esta frecuencia se llama frecuencia urinaria. Despertar en la noche para orinar se llama nicturia.

Un síntoma importante de la vejiga hiperactiva es la urgencia urinaria —la fuerte necesidad súbita de orinar de inmediato. El cuerpo podría darle un aviso de sólo pocos segundos o de un minuto para llegar al baño.

Con la vejiga hiperactiva, el músculo de la vejiga se contrae con demasiada frecuencia y en momentos inadecuados —cuando la vejiga no está llena. El cerebro capta el mensaje de que tiene que ir ahora.

Cuando se fuga orina como resultado de una vejiga hiperactiva, se llama incontinencia de urgencia. Se puede fugar o chorrear orina como resultado de un deseo súbito, intenso de orinar. Algunas personas con incontinencia de urgencia fugan orina cuando escuchan correr agua o después de beber sólo una pequeña cantidad de líquido. Incluso poner las manos bajo el agua corriente para lavar los platos puede hacer que la orina salga.

Otro problema común se llama síndrome de llave en la cerradura o de la puerta del garage. Debido a que asocia llegar a casa con la posibilidad de orinar, puede sentirse una urgencia agobiante de orinar y fugar orina —literalmente conforme pone la llave en la cerradura o abre la puerta del garage.

La incontinencia de urgencia puede originarse por una infección del tracto urinario o por algo que irrita la vejiga. También puede ser causada por problemas intestinales o daño al sistema nervioso asociado con esclerosis múltiple, diabetes, enfermedad de Parkinson, enfermedad de Alzheimer, ataque vascular cerebral, o lesión al cerebro, médula espinal o nervios que se extienden de la médula a la vejiga —incluyendo lesión que se presenta de manera inadvertida durante la cirugía. Con frecuencia se desconoce la causa de la vejiga hiperactiva y la incontinencia de urgencia.

En las mujeres esta última típicamente se presenta después de la menopausia, tal vez como resultado de cambios en la mucosa y músculo de la vejiga por la disminución de estrógenos. En los varones puede ser el resultado de infección prostática, una próstata crecida (hiperplasia prostática benigna), o congelación (crioterapia) o tratamiento con semillas radiactivas (braquiterapia) para el cáncer de próstata.

Incontinencia mixta

Incontinencia mixta significa tener más de un tipo de incontinencia, típicamente por estrés y de urgencia. Existen signos y síntomas de ambos tipos. Se puede fugar la orina al toser, reírse, estornudar o aumentar de otra forma la presión en el abdomen —lo cual señala incontinencia por estrés. Y también puede haber accidentes en los cuales exista un fuerte deseo de orinar pero no se puede llegar al baño a tiempo, un tipo es por lo general más molesto que el otro. La causa de las dos formas puede o no estar relacionada.

La combinación de incontinencia por estrés e incontinencia de urgencia a menudo se presenta en las mujeres. De hecho, algunos expertos dicen que la mayoría de las mujeres con incontinencia de urgencia tiene signos y síntomas de ambos tipos de incontinencia. Pero no es un problema exclusivo de las mujeres; los varones a los que se les ha extirpado la próstata o quienes han tenido cirugía por crecimiento prostático pueden desarrollar incontinencia mixta. Los adultos mayores también presentan a menudo esta combinación.

Incontinencia por rebosamiento

En este tipo se presenta goteo frecuente o incluso constante de pequeñas cantidades de orina a lo largo del día. Se puede sentir como si nunca se vaciara por completo la vejiga —o que se necesita vaciarla pero no se puede. Cuando intenta orinar, podría tener problemas para empezar y producir sólo un débil chorro de orina. Cuando la orina se sale, podría o no haber sentido deseo de orinar.

La incontinencia por rebosamiento se origina de la incapacidad para vaciar por completo la vejiga. Con el tiempo, la orina se acumula hasta que excede la capacidad de la vejiga para contenerla. El aumento de presión en la base de la vejiga es demasiado para soportarse. La presión obliga al esfínter uretral a que se abra, y el exceso de orina se escapa.

El vaciado incompleto o deficiente de la vejiga se puede presentar si la uretra está bloqueada de alguna manera, obstruyendo que la orina fluya normalmente fuera de la vejiga. También puede ser el resultado del músculo vesical débil o hipoactivo que no se contrae con la suficiente fuerza o frecuencia para vaciar la vejiga y mantener una diuresis normal. Piense en esto como lo opuesto a la incontinencia de urgencia causada por una vejiga hiperactiva.

La incontinencia por rebosamiento es común entre los varones con problemas de la glándula prostática, la cual si está crecida puede rodear y estrechar o bloquear la uretra, evitando que la vejiga se vacíe. Los tumores, cálculos en la vejiga y tejido de cicatrización también pueden bloquear la uretra, lo cual evita que la orina salga de la vejiga de manera normal.

El daño neuronal por diabetes, esclerosis múltiple, herpes, lesión u otras enfermedades también pueden originar la incontinencia por rebosamiento. Los nervios dañados pueden producir músculos débiles, lo cual evita que se contraigan normalmente durante la diuresis. Los medicamentos que evitan que la vejiga se contraiga de manera normal o que hacen que no se tenga conciencia del deseo de orinar también pueden causar o aumentar la incontinencia por rebosamiento. Éstos pueden incluir analgésicos, antidepresivos y relajantes del músculo liso. (Para una lista de medicamentos que pueden causar o empeorar la incontinencia urinaria, véanse las páginas 192-193.)

La incontinencia por rebosamiento es rara entre las mujeres. Sin embargo, puede presentarse como resultado de daño nervioso originado durante el parto. Las mujeres con prolapso grave del útero o de la vejiga también padecen algunas veces incontinencia por rebosamiento. Con el útero o la vejiga fuera de su posición correcta, la uretra puede plegarse, lo cual interfiere con el flujo normal de orina.

Si se deja sin tratamiento, la incontinencia por rebosamiento puede tener serias consecuencias. La orina retenida en la vejiga se puede infectar, y esta infección se puede diseminar a lo largo de todo el tracto urinario. En casos graves, la orina puede regresarse a los riñones. El reflujo puede dañar a los riñones y afectar la función renal.

Incontinencia funcional

La incontinencia funcional es la incapacidad para llegar a tiempo al baño debido a una enfermedad, alteración, o discapacidad física o mental que no está relacionada con el sistema urinario. Por ejemplo, si tiene artritis en las manos, podría no ser capaz de desabrocharse los pantalones lo suficientemente rápido, y se le podría escapar la orina. Si está en silla de ruedas, o tiene problemas para caminar, llegar al baño rápido puede ser complicado. Podría ser difícil evitar accidentes —aunque el sistema urinario funcione de manera adecuada.

Muchas de las condiciones que llevan a incontinencia funcional están relacionadas con el envejecimiento. La demencia, incluyendo la enfermedad de Alzheimer, afecta la capacidad de pensar acerca de orinar. Esto puede hacer que no se esté consciente de la necesidad de encontrar un baño o llevar a confusión acerca de dónde está o cómo usarlo.

Otros tipos de incontinencia urinaria

Se pueden escuchar varios términos para describir la incontinencia urinaria. La incontinencia refleja se presenta en personas con alteración neurológica importante, como aquéllas con el defecto congénito de espina bífida o con parálisis por lesión de la médula espinal que afecta a los nervios que corren hacia la vejiga. El daño a estos nervios evita que se transfieran mensajes entre el cerebro y la vejiga, lo que produce pérdida de orina sin ninguna sensación o aviso.

Una fístula es una abertura anormal entre la vejiga y otra estructura, como la vagina o el recto. Esto puede causar una fuga del sistema urinario que también puede producir incontinencia.

Incontinencia reversible es el término utilizado para describir la fuga de orina que se presenta temporalmente por una condición que pasará. Tiene muchos posibles desencadenantes, incluyendo infección del tracto urinario, alteración mental, restricción de la movilidad y una forma grave de estreñimiento llamada impactación fecal.

La incontinencia total es un término que se usa algunas veces para describir fuga continua de orina día y noche, o de grandes volúmenes de orina, y fuga incontrolable. Algunas personas tienen este tipo de incontinencia porque nacieron con un defecto físico. También puede ser originada por una lesión de la médula espinal o por lesión al sistema urinario por cirugía.

La enuresis nocturna es el término médico para nombrar cuando se moja la cama durante la noche. Algunos niños, principalmente los varones, que están entrenados para ir al baño mojan la cama en la noche por varios motivos. Los adultos pueden perder el control de la vejiga durante la noche, también, posiblemente por alcohol o medicamentos. La vejiga envejecida también es más susceptible de tener dificultad para almacenar la orina durante la noche. Esto, junto con el hecho de que los riñones por lo general filtran más rápido y eliminan más líquido cuando se está acostado, pueden llevar una mayor producción de orina durante el sueño.

Las barreras en el ambiente doméstico a veces también juegan un papel. Tener un baño que está muy lejos —en especial si está en un primer piso y no hay barandales— puede ser un obstáculo para llegar al baño a tiempo. Algunas veces, el simple temor de caer es suficiente para evitar que una persona mayor suba las escaleras para ir al baño.

No es de sorprender que muchos adultos mayores en hospitales y casas de cuidados sufran de incontinencia funcional. Algunos expertos estiman que más de 25% de la incontinencia urinaria que se presenta en personas que están en estos lugares es funcional.

Los medicamentos algunas veces producen incontinencia funcional. Los diuréticos utilizados para tratar la hipertensión o la insuficiencia cardiaca congestiva pueden hacer que se produzcan cantidades anormalmente altas de orina. Algunos medicamentos pueden disminuir la conciencia de la necesidad de encontrar un baño. La incontinencia funcional que se desencadena por medicamentos a veces se refiere como una incontinencia transitoria debido a que cambiar o suspender el medicamento puede resolver el problema.

Razones para tener esperanza

Es importante recordar que, a pesar de la vergüenza y el estigma asociado con ella, la incontinencia urinaria es una condición médica que en muchos casos se puede tratar con éxito. En los capítulos siguientes aprenderá más detalles acerca de los tipos de incontinencia, así como de la terapia conductual, los medicamentos y la cirugía utilizados para tratarla. Recuerde, hablar acerca de la incontinencia urinaria con un proveedor de atención confiable a menudo es el primer paso para resolver el problema.

Capítulo 2

Causas de la
incontinencia urinaria

Los médicos y científicos por lo general dividen las causas de incontinencia urinaria en dos categorías: temporales y persistentes. Las causas persistentes son problemas físicos subyacentes que con fecuencia no se pueden cambiar. Las causas temporales, también llamadas transitorias, a menudo se pueden revertir con tratamiento o con cambios de estilo de vida. Por ejemplo, si toma mucha agua u otras bebidas, en particular durante un periodo corto, aumenta la cantidad de orina que la vejiga puede contener. Esto podría dar como resultado un accidente ocasional. Por otro lado, si no toma suficiente líquido para hidratarse de manera adecuada, la orina se puede tornar muy concentrada. El aumento de la concentración de sales del cuerpo puede irritar la vejiga y originar incontinencia.

Consumir mucha cafeína puede también ser una causa reversible de incontinencia urinaria. La cafeína es un diurético. Como tal, hace que la vejiga se llene más rápido de lo usual, dando como resultado una urgente, y algunas veces incontrolable, necesidad de orinar. Para algunas personas, las bebidas carbonatadas no cafeinadas, tés y cafés irritan la vejiga y causan episodios de incontinencia urinaria. Los cítricos y jugos y endulzantes artificiales pueden también ser irritantes de la vejiga. (Para más información acerca de irritantes de la vejiga, véase la página 188 del Apéndice.)

Las causas persistentes que pueden llevar a incontinencia urinaria incluyen el envejecimiento, la menopausia, la cirugía previa, los músculos debilitados, los problemas nerviosos y una variedad de condiciones médicas. Cuando estos factores están involucrados, la incontinencia urinaria puede ser crónica y continua.

Incluso si la causa original no se puede revertir, la incontinencia urinaria casi siempre se puede tratar. El tratamiento depende del tipo de incontinencia, la gravedad del problema y la causa subyacente. De hecho, la mayoría de las personas que se tratan por incontinencia urinaria observan una mejoría dramática en sus signos y síntomas.

Causas temporales de incontinencia urinaria

Las causas reversibles de incontinencia se pueden recordar con el acrónimo DIURESIS —delirio, infección del tracto urinario, uretritis o vaginitis atróficas, recipe (preescripción de fármacos), emocional, sin movilidad, impactación fecal y aumento del gasto urinario. Además, evidencia reciente apoya la inclusión de dos causas adicionales —tener sobrepeso y falta de capacidad física. Éste es un breve panorama de cada causa temporal de incontinencia urinaria.

Delirio
Se define como un estado mental de confusión grave. Sus causas incluyen medicamentos, deprivación de sueño y enfermedad aguda, como una infección del riñón o insuficiencia hepática. Algunas personas también presentan delirio como reacción a la anestesia. Cuando existe delirio o confusión, por cualquier motivo, se puede perder temporalmente el control de la vejiga. En este contexto, la incontinencia urinaria es un síntoma de un estado mental alterado. Una vez que la causa subyacente de confusión se identifica y trata, el problema de incontinencia por lo general se resuelve.

Consumir alcohol en exceso también puede causar confusión e incontinencia urinaria. Si toma demasiado, esto podría alterar temporalmente la capacidad para reconocer la necesidad de orinar —y a actuar en respuesta a tal necesidad en una forma oportuna.

Infección del tracto urinario
Es una infección que empieza en el sistema urinario, por lo general en la uretra o la vejiga, o en ambas. Si es en la vejiga se llama cistitis; en la uretra se conoce como uretritis. Las infecciones urinarias por lo común se presentan cuando bacterias provenientes de fuera entran al

tracto urinario a través de la uretra y empiezan a multiplicarse en la vejiga. La infección resultante irrita la vejiga, haciendo que se presenten fuertes deseos de orinar. Éstos algunas veces son tan fuertes que no se llega a tiempo al baño, originando episodios de incontinencia urinaria. Cuando se presenta fuga de orina súbita o se empeora la misma, los médicos por lo general recomiendan hacerse una sencilla prueba de orina para descartar infección del tracto urinario como la causa.

Es posible tener bacterias en la orina y no tener infección del tracto urinario. Algunas personas, en especial los adultos mayores, pueden tener bacterias en la vejiga que no causan ningún signo ni síntoma o lesión. Esta condición se conoce como bateriuria asintomática, y no causa incontinencia urinaria. En general, las infecciones del tracto urinario causan incontinencia sólo cuando se acompañan de otros signos y síntomas urinarios, como un deseo intenso, persistente de orinar, orina fétida, o una sensación ardorosa al orinar.

La infección del tracto urinario es una causa común de incontinencia, pero es reversible con tratamiento. Si los síntomas son típicos y en general tiene buena salud, los antibióticos son la primera línea de tratamiento para la mayoría de este tipo de infecciones. Usualmente los síntomas de una infección del tracto urinario, incluyendo incontinencia urinaria, desparecen en los primeros días del tratamiento.

Uretritis o vaginitis atróficas

Después de la menopausia el nivel de estrógenos la mujer disminuye dramáticamente. La declinación en los estrógenos hace que los tejidos de la uretra y la vagina se sequen, se adelgacen, sean menos elásticos y más susceptibles a la irritación. Esta condición se conoce como uretritis atrófica o vaginitis atrófica, dependiendo del lugar en el que se presente, y puede contribuir con la incontinencia urinaria.

Las mujeres que tienen uretitis o vaginitis atróficas por lo general presentan aumento de la frecuencia y urgencia urinarias, algunas veces provocando incontinencia de urgencia. Pero la condición también puede causar o contribuir con la incontinencia por estrés. Conforme los tejidos de la uretra se adelgazan más, pierden resistencia. Esto puede llevar a fuga urinaria cuando la vejiga contiene orina y la persona está de pie y activa. Si también existe debilidad de los músculos del piso pélvico y del esfínter, el riesgo de fuga de orina puede ser en especial alto.

La uretritis o vaginitis atróficas se pueden tratar con estrógenos aplicados en el área vaginal, por lo general como crema. También están disponibles tabletas y anillos vaginales de estrógenos. El estrógeno, el cual ayuda a restablecer el tejido vaginal, permanece principalmente en el área vaginal, aunque una pequeña cantidad se absorbe en el torrente sanguíneo. El médico puede prescribir una preparación de estrógenos de dosis baja todos los días durante uno o dos meses y después reducirlo de manera gradual a sólo tres o cuatro veces al mes. La terapia con estrógenos en tabletas o parches es menos efectiva y representa riesgos adicionales, en especial para mujeres que han tenido cáncer de mama o de útero.

Preescripción de fármacos

Los medicamentos son una de las causas más comunes de incontinencia urinaria. Los sedantes, como las pastillas para dormir, pueden algunas veces interferir con la capacidad para controlar la función vesical. Otros medicamentos —incluyendo diuréticos, relajantes musculares, y antidepresivos— pueden causar o aumentar la incontinencia. Ciertos antihipertensivos, medicamentos para el corazón y para el resfriado también pueden afectar la función vesical.

Debido a que cada tipo de medicamento afecta al cuerpo en una manera diferente, cada uno tiene su propio mecanismo potencial de causar incontinencia. Para una lista de tipos de medicamentos que pueden contribuir con la incontinencia urinaria, véase la página 192 del Apéndice.

Emocional

En casos raros, los problemas psicológicos, en especial la depresión grave, pueden dar como resultado incontinencia urinaria. Esto podría suceder en especial después de una cirugía mayor o de haber recibido el diagnóstico de una enfermedad grave. La depresión resultante, la cual no es poco común, puede hacer que se pierda el interés en todos los aspectos de la higiene personal, incluyendo el estar limpio y seco.

Sin embargo, a veces es difícil saber si la depresión grave es directamente la culpable de la incontinencia urinaria. Al estarse recuperando de una cirugía o estar siendo tratado de una enfermedad grave, se podría estar tomando medicamentos que contribuyen con la incontinencia. Se necesita más investigación para apuntar el papel exacto de las causas psicológicas.

Aumento del gasto urinario

Producir una cantidad muy elevada de orina durante un periodo dado se conoce como poliuria. Puede ser un efecto lateral de un problema médico, como diabetes mal controlada. Los signos iniciales de glucosa alta en la sangre (hiperglucemia) son aumento de la sed y diuresis frecuente. El gasto urinario excesivo también puede ser causado por trastornos asociados con sobrecarga de líquidos, como en la insuficiencia cardiaca congestiva.

Los medicamentos pueden ser otra causa de poliuria, en especial los diuréticos, la teofilina y los bloqueadores del canal de calcio dehidropiridina. Tomar bebidas cafeinadas, alcohol o una excesiva cantidad de agua también puede causar un exceso del gasto urinario.

La poliuria es una causa común de incontinencia urinaria. Si produce grandes cantidades de orina, podría no ser capaz de llegar al baño lo suficientemente rápido para evitar un accidente. Cuando se tiene que levantarse varias veces en la noche para orinar —y algunas veces no lo hace— el excesivo gasto urinario puede ser el causante.

El tratamiento de la poliuria incluye controlar o corregir la causa subyacente del problema, ya sea un medicamento, un problema médico o excesiva ingesta de líquidos. Una vez que la poliuria está bajo control el problema de incontinencia urinaria por lo general desaparece por sí mismo.

Sin movilidad

Hay muchas razones por las cuales las personas tienen dificultad para moverse. La artritis, el dolor de la cadera o los problemas en los pies pueden hacer que sea difícil caminar. Otros problemas médicos, como la insuficiencia cardiaca congestiva, pueden ser tan exhaustivos que caminar más de una corta distancia es casi imposible. La visión deficiente, lesión, temor de caer y confusión inducida por medicamentos también pueden restringir la movilidad.

Si la movilidad está restringida hasta el punto en el cual no se pueda responder rápido al deseo de orinar, puede originarse incontinencia urinaria. Si se está recuperando de un ataque vascular cerebral, podría no ser capaz de caminar lo suficientemente rápido para llegar al baño a tiempo. Si sus articulaciones están hinchadas por artritis grave, podría no tener la destreza necesaria para quitarse la ropa a tiempo para evitar la fuga de orina. Estar confinado a una cama de hospital por una enfermedad aguda o cirugía mayor también puede causar incontinencia urinaria temporal. En general, mientras más difícil sea moverse, mayor es la probabilidad de presentar incontinencia.

Si tiene dificultad para moverse y piensa que esto podría ser un contribuyente para la incontinencia urinaria, debe hablar con su médico. El problema subyacente podría ser más tratable de lo que se piensa.

Impactación fecal

El estreñimiento crónico puede llevar a heces impactadas —una gran masa de heces secas, duras dentro del recto. Esta masa aplica presión en el periné— el área entre la vulva y el ano en las mujeres y entre el escroto y el ano en los varones. Esta presión, en cambio, obstruye el flujo de orina en el cuello de la vejiga. Las heces impactadas por lo general dan como resultado una incapacidad para vaciar la vejiga, lo cual puede llevar a incontinencia por rebosamiento. Pero esto puede también causar aumento de contracciones al músculo vesical (detrusor) y episodios de incontinencia de urgencia. La teoría es que debido a que el recto y la vejiga comparten muchos nervios, las heces contenidas en el recto hacen que estos nervios sean hiperactivos, causando al final fuga de orina.

La impactación fecal es una causa relativamente común de incontinencia urinaria. Los médicos estiman que es la causa directa del problema en más de 10% de los adultos mayores admitidos en el hospital para atención aguda o referidos a clínicas de incontinencia. Para eliminar las heces impactadas, el médico inserta uno o dos dedos dentro del recto y rompe la masa impactada en fragmentos que se pueden expulsar después.

Tener sobrepeso

La obesidad es un factor de riesgo para incontinencia urinaria, en especial entre las mujeres. Tener sobrepeso importante aplica mayor presión constante en la vejiga y los músculos, nervios y otras estructuras circundantes, debilitándolos y permitiendo que la orina se escape cuando tose o estornuda (incontinencia por estrés). La obesidad está también implicada como un factor en la incontinencia de urgencia, aunque la relación no es lo suficientemente fuerte. Los expertos piensan que llevar peso extra podría reducir el flujo sanguíneo a la vejiga o interferir con los impulsos nerviosos en el área.

En general, mientas más alto es el índice de masa corporal (IMC), más probabilidades hay de presentar incontinencia urinaria. Si el IMC está entre 25 y 29, se considera sobrepeso. Un IMC de 30 o más se considera obesidad. La investigación también sugiere que las mujeres que son obesas tienden a tener incontinencia más grave que las otras mujeres.

Si piensa que el peso puede estar contribuyendo al problema de incontinencia urinaria, hable con el médico acerca de una manera segura y saludable de perder algunos kilos. Reducir sólo 5 a 10% del peso

¿Cuál es su IMC?

IMC	Normal		Sobrepeso					Obeso				
	19	24	25	26	27	28	29	30	35	40	45	50
Peso	Peso en kilos											
1.47	41	51.8	53.6	55.8	58.1	60.3	62.1	64.4	75.2	86	96.8	107.6
1.50	42.3	49.1	55.8	57.6	59.9	62.1	64.4	66.6	77.9	89.1	99.9	111.2
1.52	43.7	55.4	57.6	59.9	62.1	64.4	66.6	68.9	80.6	91.8	103.5	114.8
1.55	45	57.2	59.4	61.7	64.4	66.6	68.9	71.1	83.3	95	107.1	118.8
1.57	46.8	59	61.2	63.9	66.2	68.9	71.1	73.8	86	98.1	110.7	122.9
1.60	48.2	60.8	63.5	65.7	68.4	71.1	73.4	76.1	88.7	101.3	114.3	126.9
1.63	49.5	63	65.3	68	70.7	73.4	76.1	78.3	91.8	104.4	117.9	131
1.65	51.3	64.8	67.5	70.2	72.9	75.6	78.3	81	94.5	108	121.5	135
1.68	53.1	66.6	69.8	72.5	75.2	77.9	80.6	83.7	97.2	111.2	125.1	139.1
1.70	54.5	68.9	71.6	74.7	77.4	80.1	83.3	86	100.4	114.8	129.1	143.6
1.73	56.3	71.1	73.8	77	79.7	82.8	85.5	88.7	103.1	117.9	132.8	147.6
1.75	57.6	72.9	76.1	79.2	81.9	85.1	88.2	91.4	106.2	121.5	136.8	152.1
1.78	59.4	75.2	78.3	81.5	84.6	87.8	90.9	94.1	109.4	125.1	140.9	156.6
1.80	61.2	77.4	80.6	83.7	86.9	90	93.6	96.8	112.5	128.7	144.9	161.1
1.83	63	79.7	82.8	86	89.6	92.7	95.9	99.5	116.1	132.3	149	165.6
1.85	64.8	81.9	85.1	88.7	91.8	95.4	98.6	102.2	119.3	135.9	153	170.1
1.88	66.6	82.8	87.3	90.9	94.5	98.1	101.3	104.9	122.4	140	157.5	175.1
1.90	68.4	86.4	90	93.6	97.2	100.8	104.4	108	125.6	143.6	161.5	179.6
1.93	70.2	88.7	93	95.9	99.5	103.5	107.1	110.7	129.2	147.6	166.1	184.5

Source: National Institutes of Health (NIH), 2000

corporal puede disminuir de manera importante la presión dentro del abdomen y aplica mayor estrés en la vejiga. De hecho, estudios sugieren que perder peso puede mejorar y reducir los síntomas de incontinencia. Use el cuadro que se presenta en esta página para determinar su IMC.

Falta de actividad física

Las personas que están en forma por lo general tienden a tener músculos del piso pélvico fuertes. Cuando no se está tan en forma como se debe, los músculos del piso pélvico pueden estar débiles, lo cual podría contribuir con la incontinencia urinaria.

Si la falta de actividad física podría incrementar el riesgo de incontinencia urinaria, ser más activo físicamente parece disminuir tal riesgo. Un estudio encontró que los varones que caminaron dos o tres horas a la semana tuvieron 25% menos riesgo de desarrollar una próstata grande, en comparación con los que no se ejercitaron. La hiperplasia prostática benigna —término médico para la próstata crecida— puede contribuir a la incontinencia urinaria. Conforme la glándula crece, puede constreñir la uretra y bloquear el flujo de orina. Para algunos varones este problema da como resultado incontinencia de urgencia o de rebosamiento.

La actividad física parece ser útil en las mujeres también. En un estudio de cerca de 28 000 mujeres noruegas, los investigadores encontraron que ejercitarse a una intensidad baja durante una hora o más cada semana disminuyó ligeramente el riesgo de incontinencia urinaria. Ejercitarse por tres horas o más cada semana tuvo un efecto ligeramente más positivo.

Ha habido especulación de que la actividad física vigorosa podría causar incontinencia urinaria —no proteger contra ella. Los deportes de alto impacto, como correr, jugar básquetbol, o la gimnasia, pueden causar episodios de incontinencia en las mujeres que por lo demás están sanas. Estas actividades vigorosas aplican presión súbita e intensa en la vejiga, dejando que la orina se fugue después del esfínter uretral. Sin embargo, los datos no relacionan los deportes de alto impacto con un mayor riesgo de incontinencia por estrés crónico.

Si tiene problemas con la incontinencia y le gustaría ser más activo físicamente, hable con su médico acerca de un plan de ejercicio adecuado para usted.

Causas persistentes de incontinencia urinaria

Las causas persistentes, subyacentes de incontinencia urinaria incluyen el envejecimiento, la menopausia, la cirugía abdominal o pélvica previa, tratamiento con radiación y varias condiciones médicas. Cuando se incluyen estos factores, la incontinencia urinaria puede ser crónica. No obstante, el tratamiento puede mejorar o reducir la incontinencia urinaria, incluso si la causa original del problema persiste. Ésta es una breve descripción de las causas subyacentes de incontinencia urinaria crónica.

Envejecimiento

La incontinencia urinaria no se da conforme se envejece. Sin embargo, el envejecimiento es un factor de riesgo de pérdida del control de la vejiga. La mayoría de los estudios muestra que la prevalencia de incontinencia urinaria se eleva de manera estable con la edad.

¿Qué significa esto? Conforme se envejece, se presentan muchos cambios en los órganos, tejidos y estructuras de soporte del sistema urinario. Los músculos en la vejiga y uretra pierden parte de su fuerza. Estos cambios relacionados con la edad disminuyen la capacidad de la vejiga para almacenar orina, lo que significa que se tiene que orinar con más frecuencia. Si no se atiende al llamado con la suficiente rapidez, se puede presentar incontinencia urinaria. Las paredes de la vejiga también se hacen menos elásticas con la edad —y por lo tanto menos capaces de contraerse y expulsar la orina. De hecho, algunos estudios muestran que, en comparación con los adultos más jóvenes, los adultos mayores tienden a retener un volumen mayor de orina en la vejiga después de orinar. Esto se conoce como volumen residual posvaciamiento, y puede contribuir con la incontinencia urinaria. Con la edad, los músculos del piso pélvico también se pueden debilitar, comprometiendo más la capacidad para contener la orina.

La investigación sugiere que el músculo de la vejiga (detrusor) se hace más activo con la edad. Un músculo vesical hiperactivo crea el deseo de orinar antes de que la vejiga esté llena, lo cual puede llevar a incontinencia urinaria. En muchos adultos mayores, el músculo detrusor se contrae con frecuencia, pero las contracciones son débiles. Esta condición —conocida como hiperactividad del detrusor con alteración de la contractilidad (DHIC)— crea lo peor de ambas partes. Se presenta deseo frecuente, algunas veces incontrolable de orinar, pero no se puede vaciar por completo la vejiga. Esto puede llevar a incontinencia de urgencia y por rebosamiento.

Conforme se envejece, los riñones también se hacen menos eficientes para eliminar desechos del torrente sanguíneo. Esta declinación de la filtración relacionada con la edad puede hacer que produzca más orina en la tarde/noche. De hecho, a diferencia de las personas más jóvenes, quienes producen la mayor parte de la orina durante el día, los adultos mayores producen casi la misma cantidad de orina durante el día y la noche. Tener que orinar muchas veces en la noche algunas veces produce incontinencia.

Conforme se envejece, se es más susceptible a problemas médicos, como insuficiencia cardiaca congestiva, diabetes o enfermedad de

Alzheimer que pueden contribuir con la incontinencia urinaria. Los problemas relacionados con la edad que pueden restringir la movilidad, como la artritis grave o la fractura de cadera, también pueden producir el problema.

En los varones mayores, la incontinencia a menudo se origina de un crecimiento de la glándula prostática, una condición que se conoce como hiperplasia prostática benigna (HPB). Alrededor de los 40 años de edad la próstata empieza a crecer ligeramente. Conforme la glándula crece, puede constreñir la uretra y bloquear parcialmente el flujo de orina. Para algunos varones este problema puede dar como resultado incontinencia de urgencia o de rebosamiento. Para más información acerca de la HPB e incontinencia urinaria, véase el Capítulo 7.

Menopausia

En las mujeres, la hormona estrógeno ayuda a mantener saludable el recubrimiento de la vejiga y la uretra. Después de la menopausia el cuerpo de la mujer produce menos estrógeno. Con menos estrógeno, los tejidos que recubre la uretra se secan, se adelgazan y se hacen menos elásticos. El esfínter uretral, de hecho, a menudo pierde parte de su capacidad para cerrarse —lo que significa que no puede contener la orina tan fácil como antes. Esto puede hacer que se fugue orina cuando tose, se ríe, estornuda, o levanta algo pesado (incontinencia por estrés). Los cambios hormonales de la menopausia pueden también hacer más propensas a las mujeres para las infecciones del tracto urinario, lo cual algunas veces causa incontinencia urinaria.

Ésta después de la menopausia puede aparecer por primera vez o empeorar. Algunas mujeres no tienen problemas de fuga de orina hasta muchos años después de la menopausia, cuando los niveles de estrógeno en el recubrimiento de la uretra disminuyen tanto que no pueden soportar el crecimiento de nuevas células.

Los médicos y los científicos no comprenden por completo cómo la pérdida de estrógenos y la menopausia contribuyen con la incontinencia urinaria. De hecho, algunos estudios que comparan a mujeres premenopáusicas con posmenopáusicas no han encontrado diferencias en los índices generales de incontinencia urinaria. Sin embargo, la investigación sugiere que las mujeres posmenopáusicas tienden a tener problemas más frecuentes de fuga de orina que las mujeres más jóvenes. En un estudio, 7% de las mujeres posmenopáusicas dijeron que tenían incontinencia por lo menos una vez al día. Entre las mujeres premenopáusicas, fue sólo de 3 por ciento.

Cirugía previa

En las mujeres, la vejiga y el útero descansan el uno cerca del otro y están soportados por los mismos músculos y ligamentos. La cirugía pélvica radical para tratar cánceres del sistema reproductor y colon tiene el riesgo de dañar a los músculos y nervios del tracto urinario, lo cual puede llevar a incontinencia urinaria. El daño a los nervios que llegan a la vejiga puede causar retención de orina e incontinencia por rebosamiento, mientras que el daño a los nervios que llegan a la uretra o al cuello de la vejiga puede causar incontinencia por estrés.

Sin embargo, estudios que examinaron la asociación entre la eliminación quirúrgica del útero (histerectomía) y la incontinencia urinaria han producido resultados conflictivos. Algunos han encontrado una estrecha relación —otros, ninguna. Se necesita más investigación para aclarar este aspecto.

En los varones, el panorama es más claro. La incontinencia urinaria es un efecto secundario conocido de la cirugía de próstata. Durante la prostatectomía radical por cáncer de próstata, el cirujano usa técnicas especiales para eliminar por completo la próstata y algunas veces los ganglios linfáticos circundantes, mientras trata de conservar los músculos y nervios que controlan la diuresis y la función sexual. Pero algunas veces el esfínter urinario o los nervios que lo inervan se dañan. Después de que se retira la sonda urinaria —en general una semana o dos después de la cirugía— la mayoría de los varones que se han sometido a prostatectomía radical presentan problemas para controlar la vejiga, los cuales pueden durar semanas o incluso meses.

La mayoría de los varones eventualmente recuperan el control completo de la vejiga, pero algunos pueden tener fuga de orina cuando estornudan, tosen, se ríen o levantan algo pesado. La incontinencia por estrés es el tipo más común después de la prostatectomía radical, pero la cirugía de próstata también puede desencadenar algunas veces la incontinencia de urgencia o por rebosamiento.

Para muchos varones que han tenido cáncer de próstata, el control vesical normal regresa gradualmente dentro de varias semanas o meses después de una prostatectomía radical. Pero en algunos, persiste una fuga urinaria mayor. Se puede requerir cirugía adicional para ayudar a corregir el problema.

Otras cirugías de próstata también pueden causar incontinencia urinaria. Por ejemplo, la resección transuretral de la próstata (RTUP), la cirugía más común para una próstata crecida, por lo general alivia los síntomas urinarios. La mayoría de los varones presenta un flujo

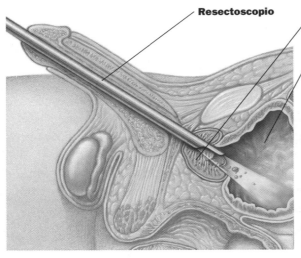

Resectoscopio

Glándula prostática crecida por la HPB

Vejiga

La resección transuretral de la próstata (RTUP) es la cirugía más común para la hiperplasia prostática benigna (HPB). Se inserta un instrumento delgado (resectoscopio) en la uretra hacia el lugar en donde se encuentra rodeada por la próstata. Pequeños dispositivos de corte en la punta del resectoscopio retiran el exceso de tejido prostático, lo cual mejora el flujo de orina.

de orina más fuerte dentro de los primeros días posteriores a la cirugía. Pero en algunos casos la RTUP puede causar pérdida del control vesical. Esta condición por lo general es temporal, pero puede tardar más de un año en desaparecer por completo. La eliminación total de la glándula prostática (prostatectomía abierta) es una cirugía más invasiva que por lo general se reserva para próstatas excesivamente grandes. Es un tratamiento seguro y efectivo, aunque tiene el riesgo de efectos secundarios, incluyendo incontinencia urinaria. Además, sus efectos secundarios tienden a ser más pronunciados.

Para más información acerca de la incontinencia urinaria y cirugía prostática, véase el Capítulo 7, el cual también contiene información adicional de la posible relación entre histerectomía e incontinencia urinaria.

Tratamiento con radiación

En general, la vejiga se estira conforme se llena con orina. Mientras más se llene, más se estira. La terapia pélvica con radiación puede dañar la pared vesical, haciendo que sea de alguna manera rígida. Esta pérdida de elasticidad puede causar aumento de la frecuencia y la urgencia urinaria y algunas veces dar como resultado incontinencia urinaria.

El daño por radiación a la pared vesical puede presentarse después de la radioterapia para cáncer ginecológico, urológico o colorrectal. Durante el tratamiento con radiación de rayo externo para el cáncer de próstata, los problemas urinarios más comunes son aumen-

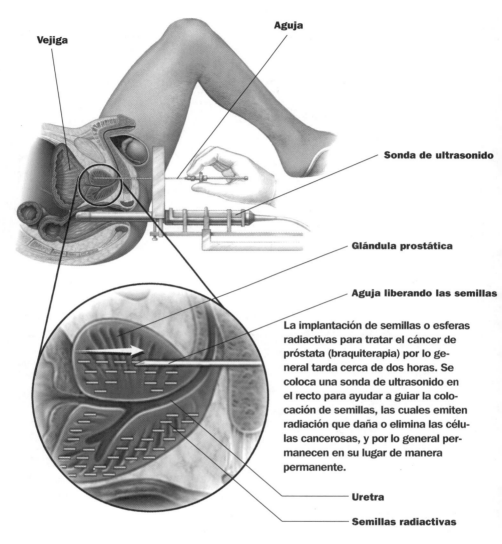

Vejiga

Aguja

Sonda de ultrasonido

Glándula prostática

Aguja liberando las semillas

La implantación de semillas o esferas radiactivas para tratar el cáncer de próstata (braquiterapia) por lo general tarda cerca de dos horas. Se coloca una sonda de ultrasonido en el recto para ayudar a guiar la colocación de semillas, las cuales emiten radiación que daña o elimina las células cancerosas, y por lo general permanecen en su lugar de manera permanente.

Uretra

Semillas radiactivas

to de la urgencia y de la frecuencia, los cuales por lo general son temporales y disminuyen en forma gradual a las pocas semanas de terminar el tratamiento. Los problemas a largo plazo son poco comunes. Según la American Cancer Society, menos de 5% de los varones tratados con radioterapia de rayo externo usan toallas absorbentes para la incontinencia urinaria.

Con los implantes de semillas radiactivas (braquiterapia), hay una historia ligeramente diferente. Dichos implantes liberan una dosis más alta de radiación hacia la uretra, causando problemas urinarios en casi todos los varones. Algunos necesitan medicamentos para tratar estos signos y síntomas. Algunos también pueden necesitar medicamentos o autocateterización intermitente para ayudarse a orinar.

En general, los problemas urinarios tienden a ser más pronunciados y durar más con los implantes de semillas que con la radiación de rayo externo. La incontinencia urinaria grave no es un efecto secundario común de los implantes de semillas. Sin embargo, la American Cancer Society reporta que la frecuencia urinaria aumentada persiste en cerca de un tercio de los varones que se han sometido a braquiterapia para cáncer de próstata.

Insuficiencia cardiaca congestiva

Ésta se presenta a menudo porque otras enfermedades cardiovasculares han dañado o debilitado al corazón, forzándolo a trabajar más. Lo anterior puede dar como resultado ataque cardiaco, presión arterial alta u otras formas de enfermedad cardiaca, como trastornos valvulares. Debido a que el corazón está débil, no puede bombear la sangre de manera eficiente. Esto provoca que la sangre se acumule en las piernas, los pies y tobillos, causando hinchazón. El término médico para esta condición es edema periférico. Los riñones también retienen exceso de agua y sodio, y el líquido se regresa a los pulmones, lo cual produce acortamiento de la respiración.

Cuando el líquido se acumula en el cuerpo por insuficiencia cardiaca congestiva, el líquido puede causar o contribuir con la incontinencia. Con el exceso de líquido en el cuerpo, tiene que orinar con más frecuencia. Si no es lo suficientemente fuerte para llegar al baño rápido, puede resultar incontinencia urinaria. La insuficiencia cardiaca congestiva y el edema periférico también parecen llevar a aumento en la producción de orina en la noche, lo cual puede contribuir con la incontinencia urinaria. Algunas veces, el simple acto de acostarse es suficiente para causar fuga de orina. Cuando se acuesta, el exceso de líquido se mueve desde las extremidades inferiores, creando algunas veces presión en la vejiga y una incontrolable urgencia de orinar.

Los diuréticos son la línea principal del tratamiento para la insuficiencia cardiaca congestiva. Éstos hacen que orine con más frecuencia y evitan que el líquido se acumule en el cuerpo; pero también pueden contribuir con la incontinencia urinaria.

Diabetes

Cuando se tiene diabetes, el cuerpo procesa el azúcar en la sangre (glucosa) de una manera anormal. En lugar de ser transportada a las células, la glucosa se acumula en el torrente sanguíneo y después se excreta por la orina. Esto se presenta por lo general debido a que el cuerpo no produce suficiente insulina o no responde a ella de manera adecuada.

Como una enfermedad, la diabetes puede causar o contribuir con la incontinencia urinaria en diferentes formas. El exceso de glucosa circulante en el cuerpo arrastra agua de los tejidos, haciendo que se sienta deshidratado. Para calmar la sed, podría tomar demasiada agua y bebidas, lo cual produce que se orine con más frecuencia y, algunas veces, incontinencia urinaria. De hecho, la diabetes mal controlada con glucosa sanguínea alta asociada (hiperglucemia) es una de las causas más comunes de exceso de producción de orina.

La diabetes también aumenta el riesgo de desarrollar infecciones del tracto urinario; éstas irritan la vejiga, lo cual produce fuertes deseos de orinar. Cuando la urgencia es tan fuerte que no llega al baño a tiempo, puede presentarse incontinencia urinaria.

El daño a los nervios (neuropatía) es otra complicación de la diabetes que puede llevar a incontinencia urinaria. El daño a los nervios que controlan la diuresis puede causar falta de comunicación entre el cerebro y el tracto urinario. Esto puede provocar una disminución en la sensación de orinar, incluso cuando la vejiga está llena, lo cual puede originar incontinencia por rebosamiento. El daño a los nervios por la diabetes también puede evitar que la vejiga se vacíe por completo (retención urinaria), lo cual contribuye con la incontinencia por rebosamiento y con las infecciones del tracto urinario. Si la retención urinaria no se trata de manera adecuada, la orina se puede regresar a los riñones. Llamado reflujo vesicoureteral, esto puede dar como resultado daño a la función renal.

La diabetes también puede afectar a los riñones de manera más general, dañando el intrincado sistema que filtra desechos de la sangre y los elimina en la orina. Con el tiempo, el daño renal por la diabetes (nefropatía) puede causar insuficiencia renal crónica. Esto, en cambio, puede causar retención de líquidos, lo cual lleva a extremidades hinchadas, insuficiencia cardiaca congestiva o líquido en los pulmones. La incontinencia urinaria puede ser otra consecuencia de la retención de exceso de líquidos.

Trastornos neurológicos

Los trastornos del cerebro y la médula espinal pueden afectar el control de la vejiga al interrumpir los impulsos nerviosos que normalmente se le envían. Los trastornos neurológicos que pueden causar incontinencia urinaria incluyen la esclerosis múltiple, enfermedad de Parkinson, ataque vascular cerebral, enfermedad de Alzheimer, lesión de la médula espinal, estenosis espinal, e hidrocefalia de presión normal, entre otros. A menudo estos trastornos causan que el músculo vesical se hiperactive. Cuando el músculo vesical es hiperactivo por una enfermedad o trastorno neurológico, la condición se conoce como hiperreflexia.

El mecanismo detrás de la incontinencia urinaria es ligeramente diferente para cada trastorno neurológico. Éste es un resumen:

Esclerosis múltiple. En la esclerosis múltiple, el sistema inmunitario ataca de manera errónea a la vaina de mielina que rodea a los nervios en el cerebro y la médula espinal. La lesión y la cicatrización resultantes retrasan o bloquean la coordinación muscular y otras señales nerviosas, a menudo causando hiperactividad de la vejiga, frecuencia urinaria y algunas veces incontinencia. El daño neurológico por la esclerosis múltiple también puede hacer hipoactivo al músculo vesical, lo cual contribuye con la incontinencia por rebosamiento. Los médicos estiman que cerca de 80% de las personas con esclerosis múltiple tiene problemas urinarios.

Enfermedad de Parkinson. Esta enfermedad se presenta cuando las neuronas en el área del cerebro que controlan el movimiento muscular están dañadas o se destruyen. Esto puede causar tanto movimientos musculares incontrolables (temblores) como rigidez muscular. Si tiene Parkinson, el músculo vesical puede estar hiperactivo, lo cual contribuye con la incontinencia de urgencia, o hipoactivo, lo cual contribuye con la incontinencia por rebosamiento. El movimiento lento y la rigidez muscular asociados con la enfermedad de Parkinson también pueden dificultar llegar a tiempo al baño.

Ataque vascular cerebral. Un ataque vascular cerebral puede contribuir con la incontinencia urinaria en varias formas. Si el centro de control de la vejiga en el cerebro se daña por el ataque en sí o por la hinchazón subsecuente, podría haber incapacidad de sentir o suprimir el deseo de orinar. El control del músculo vesical también puede estar alterado, lo cual causa hiperreflexia e incontinencia de urgencia. Dependiendo de la gravedad, un ataque vascular cerebral también puede alterar la capacidad para pensar y hablar. Estas alteraciones podrían hacerlo incapaz de reconocer el deseo de orinar o comunicar esta necesidad a un cuidador de una manera oportuna. La incontinencia urinaria es común después de un ataque vascular cerebral. Sin embargo, para muchas personas, el problema mejora con tiempo y rehabilitación.

Enfermedad de Alzheimer. En esta enfermedad el tejido cerebral sano se degenera, causando al final pérdida de memoria lo suficientemente grave como para interferir con el funcionamiento diario (demencia). La incontinencia urinaria se hace más común conforme progresa la enfermedad, cuando el pensamiento se altera cada vez más. Si las personas con enfermedad de Alzheimer empiezan a tener accidentes al orinarse puede ser porque han olvidado en donde está localizado el baño o tienen problemas para llegar a tiempo. A diferencia de otros trastornos neurológicos, la enfermedad de Alzheimer no parece causar contracciones vesicales inestables.

Lesión de la médula espinal. Una lesión de este tipo interfiere con la capacidad del cerebro para comunicarse a través del sistema nervioso con otras partes del cuerpo. Puede originarse de un golpe súbito en la columna vertebral que fractura, disloca, estalla o comprime una o más vértebras o de una herida penetrante que corta la médula espinal. Si tiene parálisis por una lesión de la médula espinal que afecta a los nervios que corren hacia la vejiga, podría presentarse incontinencia por reflujo. El daño a estos nervios evita la transferencia de mensajes entre el cerebro y la vejiga, lo cual lleva a pérdida de orina sin ninguna sensación o aviso.

Estenosis espinal. En este caso una o más áreas de la columna vertebral se estrechan —en especial en la parte superior e inferior de la espalda— aplicando presión a la médula espinal o a la raíces de sus nervios ramificados. Más a menudo, la estenosis espinal es resultado de cambios degenerativos en la columna vertebral por envejecimiento. Pero los tumores, lesiones y otras enfermedades pueden también producir estrechamiento del canal espinal. En casos graves de estenosis espinal, pueden estar dañados los nervios que van a la vejiga, lo cual lleva a incontinencia urinaria parcial o completa. El término médico para este problema es síndrome de cauda equina.

La espondilosis cervical es el término médico para los cambios degenerativos en los huesos (vértebras) y cartílago del cuello. Conforme progresa la enfermedad, puede causar estenosis espinal e hiperactividad vesical en adultos mayores.

Hidrocefalia de presión normal. La hidrocefalia de presión normal (HPN) se caracteriza por hinchazón de una porción del cerebro llamada ventrículos cerebrales. La hinchazón es causada por una acumulación de una cantidad excesiva de líquido cefalorraquídeo dentro del cráneo. Con la HPN, este líquido puede estar en el extremo superior de la presión normal. La hinchazón puede dañar al tejido cerebral, produciendo varios signos y síntomas, incluyendo demencia, dificultad para permanecer de pie y caminar, e incontinencia urinaria.

La HPN se presenta con más frecuencia en personas mayores de 55 años. Los problemas vesicales pueden variar desde frecuencia y urgencia urinaria en casos leves hasta pérdida completa del control de la vejiga en casos avanzados.

El siguiente paso

La incontinencia urinaria tiene varias causas. Algunas son temporales, como tomar demasiadas bebidas cafeinadas o los efectos de ciertos medicamentos, y se puede remediar con un cambio de conducta. Otras causas son persistentes, como los efectos del envejecimiento o de la menopausia, y la incontinencia por estas causas puede ser más difícil de superar. Sin importar la causa subyacente de la incontinencia urinaria, casi siempre hay un tratamiento que funciona por lo menos para aliviar algunos signos y síntomas. En el capítulo siguiente encontrará lo concerniente a muchas opciones de tratamiento que están disponibles.

Capítulo 3

Cómo obtener ayuda

No sólo usted se siente así —mucha gente también. Pero buscar consejo médico es fundamental por varias razones. Primera, la incontinencia urinaria puede indicar una condición subyacente más importante. Segunda, podría hacer que restrinja sus actividades y limitar sus interacciones sociales. Tercera, si tiene problemas de equilibrio, podría ponerle en riesgo de caer si corre al baño para evitar la fuga de orina.

Pocos incidentes aislados de incontinencia urinaria no requieren atención médica de manera necesaria. Pero si el problema es frecuente o afecta su calidad de vida debe ver al médico.

Cómo encontrar a un proveedor de atención

Si el médico de atención primaria parece no tener una actitud positiva acerca del tratamiento para la incontinencia urinaria o no estar informado cuando habla del tema, considere buscar a otro proveedor de atención. Otro médico general, médico familiar o internista general puede atenderle y apoyar su necesidad.

Buscar a un especialista es otra posibilidad. Hay pocas opciones. Un urólogo es un especialista en los órganos reproductores masculinos y en los trastornos urinarios tanto en varones como en mujeres. Un uroginecólogo es un ginecoobstetra con entrenamiento adicional en problemas que afectan el piso pélvico de la mujer —la red de

músculos, ligamentos, tejido conectivo y nervios que ayudan a apoyar y controlar al recto, el útero, la vagina y la vejiga. Un geriatra es
un especialista en la atención de adultos mayores, a menudo con
énfasis en problemas relacionados con medicamentos y cambios en
los hábitos vesicales.

Algunos planes de seguro médico requieren ver a un médico de atención primaria antes de acudir con un especialista. Otros planes dejan elegir un especialista sin tener que ver a un médico de atención primaria.

Si se opta por este último o por un especialista, lo importante es
encontrar uno que cubra sus necesidades. Puede obtener recomendaciones de amigos, familiares, un hospital en el que confíe o una sociedad
médica local o estatal. Antes de tomar la decisión, deben considerarse
todos los aspectos. ¿Piensa que el médico escuchará sus preocupaciones
acerca de la incontinencia urinaria, responderá a sus preguntas y explica-
rá las cosas con claridad? Por encima de todo esto, pregúntese a sí
mismo: ¿El médico parece interesado en tratar la incontinencia urinaria?
Si la respuesta es sí, haga una cita. Con ello habrá dado un importante
primer paso hacia la recuperación de una vida más activa y confiable.

Cómo prepararse para la consulta

Para obtener lo máximo de la consulta con el médico, es importante prepararse bien. La buena preparación antes de la consulta con el médico en
caso de incontinencia urinaria por lo general consta de dos partes.
Primera: reunir y documentar los hechos de su historia médica. Este paso
podría incluir obtener una copia de su expediente médico o hacer que la
envíen al médico que visitará. Segunda, se necesita llevar un diario breve
de la vejiga. Al brindar esta información antecedente importante, se le
dará al médico la mejor oportunidad de tratar la incontinencia de una
manera exitosa. Además, antes de la cita el médico podría pedir que se
responda un cuestionario acerca de su función vesical.

Cómo registrar su historia médica

Antes de visitar al médico, es importante revisar su historia médica y
hacer unas listas. Los medicamentos son una de las causas más
comunes de incontinencia urinaria, por ello se debe anotar todos los
que toma. Incluir prescripciones, medicamentos de venta sin receta,
vitaminas, minerales y otros suplementos. Si no se está seguro si algo

cuenta como medicamento, no esta de más exagerar en la precaución y anotarlo de todos modos.

Para cada medicamento, escribir debajo la marca y los nombres genéricos, la dosis que se toma, con qué frecuencia y cuándo. Si se es alérgico a cualquier medicamento, anotarlo. También podría ser una buena idea llevar los medicamentos a la consulta. Si planea hacer esto, asegúrese de mantenerlos en sus envases originales.

El tiempo antes de la consulta con el médico es también una buena oportunidad para tomar algunas notas acerca de su historia médica. Se debe anotar cualquier cirugía previa, partos, enfermedades, lesiones y procedimientos médicos, y dar las fechas aproximadas. Si se tiene problemas de salud, como artritis o diabetes, por los cuales ve actualmente al médico o toma medicamentos, anótelos también. Para las mujeres que pasan por la menopausia, es también útil anotar cuándo se detuvo el periodo menstrual. Se puede anotar la fecha o sólo poner qué edad tenía cuando dejó de menstruar. La incontinencia urinaria puede ser resultado de una infección del tracto urinario, por ello es buena idea documentar cualquier problema pasado o actual con el sistema urinario.

Finalmente, si quiere enviar un reporte de su consulta a otros proveedores de atención médica, asegúrese de llevarlo junto con sus instrucciones actuales a la cita.

Cómo llevar un diario vesical

Antes o después de su cita, el médico podría pedirle que lleve un diario vesical en casa durante varios días. Este sencillo registro de "ingreso y salida de líquidos" brindará detalles importantes acerca de los síntomas de incontinencia. Si se lleva de una manera correcta, esto mostrará cuándo se está fugando la orina, qué tan a menudo sucede, qué tanto está escapando y cuáles situaciones parecen estar asociadas con episodios de incontinencia urinaria. Con esta información, el médico tendrá una mejor idea de lo que podría estar contribuyendo con la incontinencia —y cómo tratarlo mejor. Véanse las páginas 188-189 del Apéndice para tener una muestra de diario vesical.

Evaluación de la incontinencia urinaria

En general, el siguiente paso en la evaluación para la incontinencia urinaria es ver al médico para un examen completo. La secuencia y número de pasos en el examen pueden variar, pero es probable que el médico haga una serie de preguntas específicas acerca de los signos y síntomas, seguido incluso de otras más acerca de la historia médica. Por lo regular, también le hará una exploración física completa y le realizará algunas pruebas básicas de la función urinaria. La meta del médico es correlacionar los signos y síntomas, la historia médica, la exploración física y los resultados de las pruebas para brindar una valoración correcta del problema.

Al final de la cita, el médico podría prescribir un tratamiento para la incontinencia urinaria. Sin embargo, si las pruebas o la exploración física hacen surgir preguntas o preocupaciones adicionales, podría necesitar someterse a más pruebas.

Valoración de los síntomas

El médico usualmente empieza la cita preguntando los signos y síntomas y la historia médica. ¿Con qué frecuencia orina? ¿Cuándo se escapa la orina? ¿Tiene problemas para vaciar la vejiga? ¿Está experimentando algún síntoma además de la incontinencia? Sus respuestas pueden ayudar al médico a determinar qué tipo de incontinencia tiene y cómo tratarla de la mejor forma. Si no se está seguro de alguna de sus respuestas, el diario vesical podría ser un recurso útil.

El médico podría primero preguntar acerca del inicio y la duración del problema. ¿Cuándo empezó la incontinencia? ¿Se presentó de manera súbita o de manera gradual con el tiempo? ¿Qué tanto tiempo ha estado? ¿Ha mejorado o empeorado? Después podría haber preguntas diseñadas para descubrir detalles acerca del problema específico. Ésta es una lista de preguntas posibles:

- ¿Con qué frecuencia se fuga la orina durante el día? ¿Es consciente de que está pasando o sólo se siente mojado?
- ¿Por lo general a qué hora del día se presenta? ¿Es peor durante el día o durante la noche?
- Cuando se escapa la orina, ¿son sólo unas gotas, o están mojadas su ropa interior o exterior?
- ¿A menudo siente un deseo súbito e intenso de orinar que es difícil de controlar?
- ¿Siente el deseo de orinar cuando escucha el sonido de agua corriendo?
- ¿Siente el deseo de orinar cuando pone las manos en agua caliente?
- ¿Tiene fuga de orina cuando se ríe, tose, estornuda o levanta objetos pesados?

- ¿Se escapa la orina cuando hace ejercicio?
- ¿Con qué frecuencia orina en el baño durante el día? ¿Orina más de ocho veces en un periodo de 24 horas? ¿Orina frecuentemente, pero sólo una pequeña cantidad cada vez?
- ¿Despierta por lo menos dos veces en la noche para orinar?
- ¿Alguna vez despierta mojado?
- ¿Siente dolor, molestia o ardor mientras orina?
- ¿Alguna vez ha visto sangre en la orina?
- ¿Su orina se ha visto turbia alguna vez?
- ¿Tiene problemas para empezar a orinar?
- ¿Tiene un chorro de orina lento o débil?
- ¿El chorro de orina empieza y se detiene?
- ¿Siente algunas veces su vejiga llena incluso después de que orinó?
- ¿Tiene que inclinarse o pujar para orinar?
- ¿Gotea orina después de que terminó de orinar?
- ¿Cuál es su promedio diario de ingesta de líquidos?
- ¿Tiende a tomar más líquidos en la mañana, en la tarde o en la noche?
- ¿Consume bebidas cafeinadas? ¿Cuántas al día?
- ¿Consume bebidas alcohólicas? ¿Cuántas al día?
- ¿Ha notado algún cambio reciente en sus hábitos intestinales?
- ¿Con qué frecuencia evacúa?
- ¿A menudo está estreñido?
- ¿Ha tenido algún problema de incontinencia fecal?
- ¿Ha notado algún cambio reciente en su función sexual?
- ¿Se escapa orina durante o después del contacto sexual?
- ¿Todavía tiene periodos menstruales (sólo en mujeres)?
- ¿Usa toallas absorbentes para proteger su ropa de accidentes de fuga de orina?
- ¿Cuántas toallas usa al día? ¿De qué tipo?
- ¿Las toallas por lo general quedan empapadas o sólo húmedas?
- ¿Hay algo que parezca mejorar o empeorar su incontinencia? Si es así, ¿qué cosa?
- ¿Cuál es el aspecto más molesto de su problema de incontinencia urinaria?

Después de tener un buen sentido de los síntomas urinarios, el médico puede irse a los aspectos de la historia médica que podrían estar causando o contribuyendo con la incontinencia urinaria. La información de la historia médica que había preparado para su cita puede ayudar a responder la mayor parte de estas preguntas. Los problemas médicos actuales o anteriores que pueden afectar el control vesical incluyen infección del tracto urinario, crecimiento prostático, diabetes, ataque vascular cerebral, enfermedad de Parkinson y esclerosis múltiple, entre otros. Para las mujeres, la menopausia también puede contribuir con la incontinencia urinaria. Para más información acerca de las diferentes condiciones médicas que pueden causar o contribuir con la incontinencia urinaria, véase el Capítulo 2.

Después, le pueden preguntar acerca de cirugías previas o radioterapia. Los procedimientos ginecológicos o urológicos, como la histerectomía, la prostatectomía radical o los implantes de semillas radiactivas para el cáncer de próstata (braquiterapia), tal vez tengan la asociación más fuerte con la incontinencia urinaria. Pero es importante mencionar cualquier procedimiento que se haya tenido —incluyendo cirugía previa para tratar la incontinencia urinaria. Cualquier cirugía en la cual se le haya colocado una sonda de Foley puede haber causado cicatrización en la recubierta uretral, lo cual puede ahora estar contribuyendo con la incontinencia urinaria.

Si ha estado embarazada o ha dado a luz, su médico puede tener algunas preguntas al respecto, también. ¿Cuántas veces ha estado embarazada? ¿Cuántas veces ha dado a luz? ¿Cuál fue el peso de su último bebé? ¿Dio a luz por vía vaginal o por cesárea? ¿Le hicieron episiotomía? ¿Se usaron fórceps? ¿El parto se asistió con un dispositivo de vacío? Con esta información, el médico empezará a tener una idea de la condición general del piso pélvico.

Su médico también puede preguntarle acerca de medicamentos que toma actualmente, incluyendo de prescripción, de venta sin receta, vitaminas, minerales y otros suplementos. De nuevo, la información que había preparado para la cita le ayudaría a responder estas preguntas. Debido a que los medicamentos son una causa tan común de incontinencia urinaria, es importante discutir con detalle este aspecto. Después de revisar sus circunstancias específicas, el médico podría recomendar que reduzca algunos de sus medicamentos, los suspenda o los tome a diferentes horas del día.

Valoración de la calidad de vida

La incontinencia urinaria puede causar efectos secundarios muy desagradables, como exantemas, infecciones de la piel y úlceras, por la piel que está constantemente húmeda. Pero más molesto que estos problemas físicos puede ser el efecto de la incontinencia en la calidad de vida.

La incontinencia urinaria puede evitar que participe en actividades. Puede dejar de ejercitarse, de asistir a reuniones sociales o incluso evitar reírse por el temor de que suceda un accidente. Podría también llegarse al punto en donde deje de viajar o aventurarse a áreas desconocidas en donde no sepa el lugar de los baños.

La incontinencia urinaria también puede afectar de manera negativa su vida laboral. El deseo de orinar puede provocar que esté lejos de su escritorio o que tenga que levantarse a menudo durante las reuniones. El problema puede ser tan molesto que altera la concentración. La incontinencia urinaria también puede hacer que se levante en la noche y, por lo tanto, estar cansado la mayor parte del tiempo.

Tal vez lo más molesto es el efecto que la incontinencia urinaria puede tener en la vida personal. La familia podría no entender los cambios en su conducta o molestarse de que tenga que ir con frecuencia al baño. Usted podría evitar la intimidad sexual debido a la vergüenza causada por la fuga de orina. Es común que presente ansiedad y depresión junto con la incontinencia urinaria.

Para comprender por completo cómo este problema está afectando su calidad de vida, el médico podría pedirle que responda un cuestionario, como el Incontinence Impact Questionnaire (IIQ), el Urogenital Distress Inventory (UDI) o el International Prostate Symptom Score (IPSS —sólo para varones). Los cuestionarios le piden que califique cómo la fuga de orina ha afectado los diferentes aspectos de su vida (la recreación física, los viajes, las relaciones sexuales y la participación en actividades sociales fuera de casa). También le piden describir cómo lo hace sentir la fuga de orina: nervioso, temeroso, frustrado, enojado, deprimido o avergonzado.

Con los resultados del cuestionario el médico puede obtener un panorama claro de cómo la incontinencia está afectando su vida diaria. Esta información podría ayudar al médico a idear estrategias de tratamiento para enfocarse en las áreas que son más molestas para usted.

Exploración física

Una exploración física completa, con enfoque extra en el abdomen, área genital, recto y sistema nervioso puede brindar pistas importantes para saber el origen de la incontinencia.

El médico puede empezar a examinar enfocándose en la movilidad y destreza en general. Le puede pedir que muestre cómo sube o baja la ropa y que abroche y desabroche botones, cinturones o cierres para orinar. O el médico simplemente puede observar qué tan fácilmente puede subirse a la mesa de exploración. Si tiene problemas para moverse o desvestirse, esto podría estar contribuyendo con la incontinencia.

El médico también revisará los signos vitales y si hay hinchazón (edema) en las piernas, los tobillos y pies. El edema de extremidades inferiores, a menudo una consecuencia de la insuficiencia cardiaca congestiva, diabetes o insuficiencia renal, pueden contribuir con el aumento en la producción de orina en la noche, lo cual algunas veces lleva a incontinencia urinaria.

Si la vejiga está llena, el médico puede realizar una prueba para incontinencia por estrés. Esta prueba es ligeramente diferente para varones y mujeres. A los varones se les pide que se levanten y tosan. Si la orina se fuga hacia una toalla de papel, la prueba es positiva para incontinencia por estrés. A las mujeres se les pide que tosan mientras se acuestan en la mesa de exploración. Si no sale orina, se les pide que se levanten y tosan nuevamente, se balanceen en sus talones, caminen o se inclinen hacia delante. No debe sentirse vergüenza si se fuga orina durante una prueba de estrés. Piense que es una parte importante para empezar a entender su problema. Una vez que se termina la prueba, puede orinar para que se sienta cómodo durante el resto de la exploración. El médico puede observarlo mientas orina para ver si el chorro de orina es fuerte y continuo. Si el chorro de orina es débil, intermitente o si se estira para orinar, podría tener incontinencia por rebosamiento.

Una vez que la vejiga está vacía, el médico puede realizar un examen abdominal al presionar el abdomen y escuchar los ruidos intestinales. Si la vejiga parece estar más grande de lo que debía (distensión vesical) podría significar que no está vacía por completo cuando orina, lo cual podría estar contribuyendo con la incontinencia por rebosamiento. El dolor o aumento de la sensibilidad en el área sobre la vejiga es otro síntoma de distensión vesical. Si el médico no escucha los ruidos intestinales, usted podría estar estreñido, lo cual podría estar contribuyendo con la incontinencia. El examen abdominal también permitirá al médico revisar en busca de otros factores abdominales, como hernia, tumor, infección, o cicatrización de una cirugía previa, que podrían estar contribuyendo con la incontinencia.

El médico también puede realizar un breve examen neurológico, probar los reflejos con un martillo y valorar la fuerza de los músculos de las piernas. Además, podría revisar para ver si siente cuando le tocan las piernas con un alfiler —y si distingue una punta picuda de un instrumento más romo. Durante esta parte de la exploración física, el médico está tratando de determinar trastornos neurológicos como la esclerosis múltiple, enfermedad de Parkinson, o estenosis espinal que podrían estar alterando o debilitando los impulsos nerviosos que de manera normal se envían a la vejiga —y por lo tanto estar contribuyendo con la incontinencia.

Examen pélvico y rectal para mujeres

Para las mujeres, la exploración física también se enfoca en los órganos reproductores y el recto. Durante un examen pélvico, se acuesta en la mesa de exploración boca arriba con las rodillas flexionadas. Por lo general, los tobillos descansan en los soportes de metal llamados estribos.

Su médico probablemente examinará los genitales externos (vulva) y el área entre la vulva y el ano llamada periné. La exposición crónica a la orina puede causar problemas en la piel del periné y genitales externos, como exantemas, úlceras e infección. Para probar los nervios en el área genital, el médico podría rozar ligeramente la piel del periné cerca del ano y observar o palpar una contracción anal. Este reflejo algunas veces se conoce como guiño anal. El médico podría también presionar el clítoris y buscar una contracción anal similar. Este reflejo se conoce como reflejo bulbocavernoso. Si estos reflejos no fueran normales, podría significar que los nervios en el área genital contribuyen de alguna manera con el problema de incontinencia urinaria. Estas pruebas pueden parecer inusuales, pero no deben ser dolorosas.

Por lo general lo que sigue es la exploración interna. Ésta le permite al médico evaluar la condición de la vagina, valorar la fuerza de los músculos del piso pélvico, determinar si la vejiga y el útero se han salido de su posición normal (prolapso de órganos pélvicos) y detectar cualquier masa anormal. La atrofia vaginal, los músculos del piso pélvico débiles, el prolapso de órganos pélvicos y las masas pélvicas anormales pueden contribuir con la incontinencia urinaria.

Para empezar el examen interno, el médico inserta un instrumento llamado espejo en la vagina. Con el espejo abierto, el médico revisa en busca de inflamación o secreción, lo cual podría sugerir infección vaginal. También será capaz de ver si las paredes vaginales están adelgazadas ya que, a menudo, si esto ocurre los tejidos que recubren la uretra también están adelgazados, lo cual podría contribuir con la incontinencia urinaria.

Después de examinar la vagina, su médico podría insertar uno o dos dedos enguantados dentro de ella para ayudar a valorar la fuerza de los músculos del piso pélvico y determinar si la vejiga y el útero están en una posición correcta. Algunos médicos usan el espejo para hacer este examen. Probablemente le pidan que tosa o que apriete los músculos del piso pélvico como si estuviera tratando de detener el chorro de la orina. Si el médico sospecha que tiene un prolapso de órganos pélvicos, le podrían pedir que repita esta prueba mientras se sienta o se levanta. En estas posiciones, el prolapso puede hacerse más pronunciado. Para completar el examen interno, el médico podría revisar el útero y ovarios en busca de cualquier masa anormal. Esto se hace al insertar dos dedos enguantados en la vagina y presionar hacia abajo en el abdomen con la otra mano.

Otro paso es el examen rectal digital. Para hacer esto, el médico inserta un dedo enguantado en el recto para revisar en busca de masa o heces impactadas, lo cual podría estar contribuyendo con la incontinencia urinaria. Un examen rectal también puede ayudar al médico a medir la fuerza de los músculos del piso pélvico. Para ayudar a determinar esta fuerza, el médico podría pedirle que apriete el ano alrededor del dedo examinador, como si estuviera tratando de evitar orinar o sacar gas.

Exámenes genital, rectal y prostático en los varones

Para los varones, el examen físico se enfoca después en el pene, periné, testículos, recto y glándula prostática. Su médico podría primero examinar el pene y el área entre el escroto y el ano, llamada periné. La exposición crónica puede causar problemas en la piel de enfrente, la cabeza del pene (glande) y el periné. Algunas veces esto lleva a hinchazón o crecimiento del pene. Si no se ha circuncidado, el médico jalará la piel para inspeccionar el glande. El médico también puede revisar en busca de estrechamiento anormal de la uretra, lo cual puede estar originado por cicatrización o infección.

Para probar los nervios en el área genital, el médico podría rozar ligeramente la piel perineal cerca del ano y observar o palpar una contracción anal. Este reflejo se conoce como guiño anal. El médico también presionará ligeramente el glande y buscará una contracción anal similar. Este reflejo se conoce como reflejo bulbocavernoso. Si estos reflejos no son normales, podría significar que los nervios del área genital contribuyen de alguna manera con el problema de incontinencia urinaria. Estas pruebas pueden parecer inusuales, pero no deben ser dolorosas.

Otra parte del examen podría incluir los testículos. Cada testículo se puede revisar para valorar simetría, inflamación y crecimientos extraños. El tubo enroscado en la punta y parte posterior de cada testículo, llamado epidídimo, se puede revisar en busca de cicatrización, la cual es un signo de infecciones previas que a menudo acompaña a la infección prostática (prostatitis) y está asociada con problemas urinarios.

Otro paso en la exploración física es el examen rectal digital. El médico inserta un dedo enguantado en el recto para revisar el tamaño, la simetría y la textura de la glándula prostática. Si la próstata está crecida o infectada, esto podría estar evitando que la vejiga se vaciara por completo, lo cual podría estar causando la incontinencia. El examen rectal digital también permite que el médico revise en busca de masa o heces impactadas, lo cual puede contribuir con la incontinencia urinaria. Además, esto puede ayudar a demostrar la fuerza de estos músculos., Es posible que el médico le pida que apriete el ano alrededor del dedo examinador, como si estuviera tratando de evitar orinar o pasar gas.

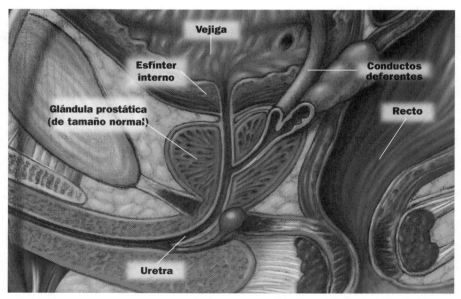

Esta vista transversal muestra a la glándula prostática (al centro) y las estructuras circundantes. Cuando crece, la próstata puede interferir con el flujo de orina a través de la uretra.

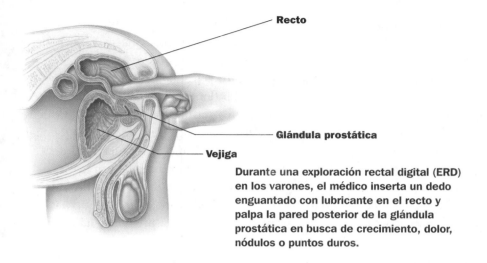

Recto

Glándula prostática

Vejiga

Durante una exploración rectal digital (ERD) en los varones, el médico inserta un dedo enguantado con lubricante en el recto y palpa la pared posterior de la glándula prostática en busca de crecimiento, dolor, nódulos o puntos duros.

Análisis de orina

Es una parte rutinaria de la evaluación por incontinencia urinaria. Se envía una muestra de orina al laboratorio, en donde se revisa en busca de sangre, glucosa, bacterias u otras anormalidades. Se le pide que orine dentro de un contenedor para obtener la muestra.

La sangre en la orina podría indicar una irritación del tracto urinario, como infección, cálculos o tumores urinarios. Si aparece sangre en la orina, el médico podría prescribir otra prueba para descartar la posibilidad de cáncer en la vejiga. Esta prueba, llamada citología urinaria, revisa específicamente la orina en busca de células cancerosas.

Si se detecta glucosa en la orina, el médico podría sospechar diabetes, lo cual podría aumentar el volumen de orina y hacer más probable la incontinencia. Más pruebas pueden ayudar a confirmar el diagnóstico.

Las bacterias en la orina pueden ser un signo de infección del tracto urinario. Para obtener más información, el médico podría enviar la orina a un laboratorio para cultivo. Esto se llama urocultivo; si éste es positivo, probablemente le prescriban antibióticos.

Prueba de vaciamiento residual

Esta prueba, conocida como PVR, ayuda al médico a determinar si existe dificultad para vaciar la vejiga. Mide la cantidad de orina que queda en la vejiga cinco a 10 minutos después de orinar. Una vejiga que no se vacía por completo puede originar un aumento en la frecuencia urinaria y hacer que empeore la incontinencia por estrés.

Para el procedimiento, se orina en un contenedor que permite al médico medir el gasto urinario. A menudo el médico revisa rápidamente la cantidad de orina residual en la vejiga en una de dos maneras. Una opción es insertar una sonda delgada, suave (catéter) dentro de la uretra y vejiga para drenar cualquier orina remanente. Esto brinda una muestra limpia para urocultivo y lo prepara para pruebas adicionales, pero es invasiva y puede ser un poco incómoda. También representa un riesgo de infección del tracto urinario.

La otra opción, la cual no es dolorosa, es medir la cantidad de orina residual usando un dispositivo de ultrasonido. Para la prueba de ultrasonido, se coloca un dispositivo semejante a una varita que envía ondas de sonido en el abdomen y en el área pélvica. Una computadora transforma estas ondas de sonido en una imagen de la vejiga, de manera que el médico pueda ver qué tan llena o vacía está. Esta opción es más rápida y menos dolorosa que la cateterización. Además, las imágenes de ultrasonido pueden brindarle al médico información importante acerca de la condición general y la capacidad de la vejiga.

Cierta cantidad de orina residual es normal. Una lectura de PVR normal puede ser tan alta como 60 mL (2 onzas), incluso más entre personas mayores. Una lectura mayor de 250 mL o 25% de la capacidad vesical total por lo general se considera anormal. Si la lectura de PVR está en este rango después de pruebas repetidas, podría significar que tiene una obstrucción en el tracto urinario o un problema con los nervios o músculos de la vejiga.

Empezar con terapia conservadora

Después de revisar los síntomas, la historia médica, la exploración física y los resultados de las pruebas, el médico podría prescribir un tratamiento para la incontinencia urinaria. El primer paso es tratar con lo que se llaman terapias conservadoras. Estos tratamientos no incluyen cirugía sino técnicas conductuales como entrenamiento vesical, viajes programados al baño, ejercicios de los músculos del piso pélvico (de Kegel) y manejo de líquidos y de la dieta.

Los medicamentos son otra forma de tratamiento conservador para la incontinencia urinaria; los que se usan con frecuencia para tratarla incluyen la tolterodina, la oxiburinina, la hiosciamina, y el trospium. El antidepresivo imipramina también se puede usar para tratar la incontinencia urinaria.

Además, un medicamento llamado duloxetina, actualmente utilizado para tratar la neuropatía periférica y la depresión, se está evaluando para uso en el tratamiento de la incontinencia urinaria.

Cuando son necesarias otras pruebas

Si los tratamientos conservadores no tienen éxito, o si el problema no se diagnostica fácilmente por las pruebas urinarias básicas, una minuciosa exploración física y una discusión de los síntomas, su médico podría recomendar una evaluación adicional. Si no se ha estado viendo a un especialista, podría ser referido a un urólogo o a un uroginecólogo.

El especialista podría repetir la evaluación básica realizada previamente y hacer pruebas adicionales. Tales pruebas podrían incluir lo siguiente:

Citoscopia

Este procedimiento le permite al médico observar dentro de la uretra y la vejiga. Se inserta una sonda delgada con un pequeño lente (cistoscopio) en la uretra y la vejiga, y esta última se llena con líquido estéril. Distender la vejiga con líquido le da al médico una mejor visión de la pared vesical. Su médico revisa entonces la vejiga y uretra en busca de causas potenciales de incontinencia urinaria; infecciones vesicales, tumores, abscesos, cálculos y otras anormalidades pueden causarla. Otros factores contribuyentes pueden incluir problemas con la uretra, como aberturas de bolsas o sacos (divertículos uretrales) o estrechamiento uretral causado por tejido cicatricial, o una glándula prostática que obstruye (estrechez uretral). Durante el procedimiento, el médico podría usar el citoscopio para extraer una pequeña muestra de tejido vesical para análisis de laboratorio o incluso extirpar un pequeño cálculo.

La citoscopia por lo general tarda cerca de 15 a 20 minutos incluyendo el tiempo de preparación. Por lo común le dan un anestésico local en forma de gel (no en inyección) y permanece despierto durante el breve procedimiento. Puede sentir una leve molestia y la necesidad de orinar conforme se llena la vejiga. Después de la prueba, la uretra puede estar

dolorida y tener un leve ardor cuando orina. También puede ver pequeñas cantidades de sangre en la orina. Estos problemas por lo general
desaparecen en pocos días; si persisten o desarrolla signos o síntomas de
infección, incluyendo ardor cuando orina, orina turbia, fiebre o escalofrío,
llame al médico.

Pielograma intravenoso

Un pielograma intravenoso (PIV) –algunas veces llamado urografía excre-
tora– es un examen de rayos X utilizado para medir la función renal y el
drenaje de orina a través del tracto urinario. Le brinda al médico una
visión detallada de los riñones, ureteros, y vejiga y a menudo se utiliza
para identificar razones potenciales para la presencia de sangre en la orina.

Durante la prueba de PIV, le aplican una inyección de colorante en el
brazo. El torrente sanguíneo rápidamente libera el colorante en los riñones, en donde pasa a través del intrincado sistema de filtración. Después,
el colorante fluye hacia abajo a los ureteros y la vejiga y conforme resalta
los órganos y las estructuras del tracto urinario se toma una serie de
rayos X. Éstos muestran cualquier tumor, quistes, cálculos, cicatrices y
áreas en donde el líquido se puede estar acumulando o escapando.

Una PIV por lo general tarda cerca de una hora. Es probable que no
tenga efectos secundarios, aunque algunas personas refieren náusea,
vómito o dolor en el sitio de la inyección. Si se es alérgico a los mariscos,
al yodo o a los agentes de contraste radiológico, es importante decirlo al
médico antes de someterse a la prueba. Algunas veces se presentan reac-
ciones alérgicas al medio de contraste. Si está embarazada, no se debe
realizar esta prueba a menos que sea una emergencia. La radiación puede
dañar al bebé.

Estudio urodinámico

El estudio urodinámico (EUD) es el término general para las pruebas
que muestran al sistema urinario en acción. Las pruebas urodinámicas
por lo general se recomiendan si los síntomas indican incontinencia
mixta, si ha tenido cirugía previa en la vejiga o en el esfínter, o si los
tratamientos conservadores para la incontinencia no están funcionando. También se recomienda antes de la cirugía para la incontinencia.

Hay varias pruebas urodinámicas diferentes que constituyen un
estudio urodinámico. Éstas incluyen las siguientes:

Uroflujometría. Esta prueba mide qué tan rápido sale la orina, en
mililitros por segundo. Empieza con una vejiga llena y orina dentro de

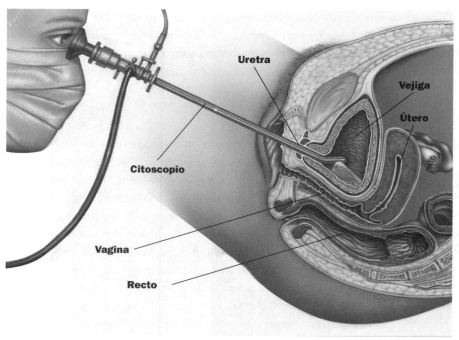

Uretra

Vejiga

Útero

Citoscopio

Vagina

Recto

La exploración citoscópica permite al médico ver dentro de la uretra y la vejiga. Esto puede ayudar a diagnosticar problemas de la uretra y la vejiga que causan incontinencia urinaria.

un embudo en un cómodo especial que calcula automáticamente la velocidad de flujo. Tendrá cierta privacía para hacer esto. Si el pico de velocidad de flujo promedio es menor de lo normal, podría tener una obstrucción de la uretra o un músculo vesical débil.

Cistometría. Esta prueba mide el volumen y presión de la vejiga —cuando está en reposo, conforme se llena con orina y al orinar.

Después de que la vejiga se vacía por completo, se inserta un catéter dentro de la uretra y la vejiga para medir la presión. También se puede introducir un pequeño monitor de presión en la vagina (en las mujeres) o el recto. Después se usa un catéter independiente para llenar la vejiga con agua estéril tibia. Conforme se llena la vejiga, se registra la presión dentro de la misma. En general, la presión aumenta sólo en pequeñas cantidades durante el llenado. Sin embargo, en algunas personas con incontinencia urinaria, la vejiga tiene espasmos conforme se llena. Esta prueba también ayuda al médico a medir la fuerza del músculo vesical.

Durante la prueba, le preguntarán cuándo siente el deseo de orinar por primera vez y cuándo éste se hace fuerte. También le pedirán que tosa o corra hacia varios puntos. La presión de la vejiga a la cual se fuga la orina cuando tose o se estira se llama punto de presión de fuga abdominal. Al final de la prueba, se orina dentro de un cómodo especial, con los sensores de presión todavía en su lugar. Tendrá privacía para hacer esto, lo cual se conoce como prueba de presión de vaciamiento. Por último, el catéter sensible a la presión se retirará con lentitud a través de la uretra para medir la capacidad de ésta para cerrarse. Esta parte de la prueba se llama perfil de presión uretral.

Después de la prueba, podría tener aumento de la frecuencia y la urgencia urinaria. Es posible que la orina esté ligeramente rosa durante un día. Si estos problemas persisten o desarrolla signos de infección, llame al médico.

Electromiografía. Esta prueba, también conocida como EMG, mide la actividad muscular y ayuda a determinar si la vejiga y la uretra están funcionando adecuadamente. Se colocan sobre la piel cerca de la uretra y del recto pequeños parches adhesivos de electrodos, similares a los que se utilizan durante un electrocardiograma. Después, una máquina registra la corriente eléctrica creada cuando los músculos del piso pélvico se contraen. La EMG se recomienda por lo general cuando el médico sospecha que la incontinencia está relacionada con daño de los nervios.

Cistografía. En esta radiografía especial de la vejiga, también conocida como histograma o cistouretrograma de vaciamiento (CUGV), se inserta un catéter en la uretra y la vejiga. A través del catéter, el médico inyecta líquido que contiene un colorante especial. Conforme el colorante se mueve a través del tracto urinario y fuera del cuerpo por la orina, se toma una serie de imágenes de rayos X. Éstas pueden ayudar a revelar problemas con el tracto urinario.

Se puede hacer un histograma junto con una uroflujometría o cistometría o ambas. La prueba —llamada estudio de urodinamia en video—

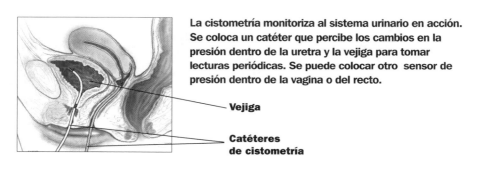

La cistometría monitoriza al sistema urinario en acción. Se coloca un catéter que percibe los cambios en la presión dentro de la uretra y la vejiga para tomar lecturas periódicas. Se puede colocar otro sensor de presión dentro de la vagina o del recto.

Vejiga

Catéteres
de cistometría

tarda cerca de una hora. Después de la prueba, podría tener un poco de dolor mientras orina y la orina puede estar ligeramente rosa. Si los problemas persisten o desarrolla signos de infección, llame a su médico.

Una vez que las pruebas están completas, su médico puede explicarle los resultados y discutir con usted las opciones de tratamiento.

Capítulo 4

Terapias conductuales para la incontinencia urinaria

Existe una variedad de tratamientos para la incontinencia urinaria. El que resulte mejor depende del tipo de incontinencia, si es una mujer o un varón, y qué tanto afecta la incontinencia la vida diaria. La mayoría de los médicos empiezan tratamiento conservador que tiene mínima invasión o no es invasivo y tiene beneficios comprobados, poco riesgo y mínimos efectos secundarios. Si no funciona, usted y el médico podrían considerar atención adicional, incluyendo procedimientos más invasivos. Estos tratamientos podrían tener más efectos secundarios, pero ofrecen mayor alivio.

Este capítulo trata sobre las terapias conductuales —cambios que se pueden hacer para mejorar la incontinencia urinaria. Estos cambios son seguros, fáciles, efectivos y baratos. Por esta razón, el médico podría sugerir intentar una o más de estas terapias como primera línea de tratamiento. La terapia conductual puede ser el único tratamiento requerido. Pero estas técnicas también se pueden usar antes de otros tipos de tratamiento, como medicamentos o cirugía, o en combinación con ellos.

Manejo de líquidos y de la dieta

La cantidad de líquidos y los alimentos que consume pueden influir en los hábitos vesicales. Demasiado líquido, o muy poco, puede desencadenar una vejiga hiperactiva, en la cual ésta se contrae y envía señales al cerebro de que está llena, incluso cuando no lo está. Esto puede originarle un fuerte deseo de orinar o hacer que desee hacerlo más a menudo, algunas veces causando fuga también. En ocasiones, ciertos alimentos pueden irritar la vejiga y aumentar la frecuencia, la urgencia y la fuga.

Demasiado líquido

Es cierto que tomar demasiado líquido puede hacer orinar más a menudo. En particular si lo toma en una sola ocasión, esto puede sobrepasar a la vejiga y crear una fuerte sensación de urgencia. Si se ejercita mucho o trabaja en el exterior de manera regular, se podría necesitar tomar líquidos adicionales. Pero en lugar de tomar una gran cantidad en una ocasión, trate de repartir la ingesta a lo largo del día.

Si se levanta varias veces a orinar en la noche, se debe tomar la mayoría de los líquidos en la mañana y en la tarde y eliminar el alcohol y las bebidas y alimentos cafeinados. En general intente tomar 8 vasos de líquido al día. Recuerde que esto puede provenir de cualquier bebida, no sólo de agua, y también de alimentos como la sopa. De acuerdo con el lineamiento del Institute of Medicine acerca del consumo de agua, dejar que la sed sea la guía, brinda por lo general una adecuada cantidad de líquidos, tanto de alimentos como de comida. Se recomienda que si se presenta incontinencia, trate de beber entre 6 y 7.5 tazas de líquido al día.

Muy poco líquido. De manera sorprendente, muy poco líquido también puede causar problemas ya que puede hacer que la orina se concentre demasiado con los productos de desecho del cuerpo. La orina muy concentrada es amarillo oscura y tiene un olor fuerte. Ésta puede irritar a la vejiga, aumentando el deseo y la frecuencia con la cual necesita ir al baño. La orina concentrada también puede llevar a infección del tracto urinario, lo cual puede por sí mismo producir síntomas de incontinencia de urgencia.

Irritantes de la vejiga

Ciertos alimentos y bebidas pueden irritar la vejiga también. La cafeína y el alcohol actúan como diuréticos, lo cual significa que aumentan la producción de orina. Esto puede llevar a aumento de la frecuencia y urgencia de orinar.

Consumir demasiadas cítricos y jugos de cítricos (naranjas, toronjas, limones, limas), alimentos condimentados, productos con jitomate, bebidas carbonatadas y alimentos que contengan endulcorantes artificiales también pueden irritar a la vejiga, aunque no se comprende con exactitud por qué estos alimentos algunas veces causan irritación.

Si la cafeína, el alcohol o uno de estos otros alimentos es parte regular de su dieta, podría tratar de eliminarlos durante una semana para ver si los síntomas mejoran. Evite sólo un alimento o bebida a la vez, de manera que pueda determinar cuál de ellos está causando el problema. Podría no tener que eliminar sus alimentos favoritos por completo. Disminuir la cantidad que consume puede ayudar. Véase el Apéndice de la página 188 para una lista de los irritantes vesicales de la dieta.

Entrenamiento de la vejiga

Cuando existe una vejiga hiperactiva, se puede acostumbrar a orinar con frecuencia o al mínimo deseo. Algunas veces iría al baño incluso cuando no tuviera el deseo pero quisiera evitar un posible accidente. Después de un momento, la vejiga empieza a enviar señales al cerebro de que está llena incluso cuando no lo está, y se siente la necesidad de vaciarla. De manera normal, orinaría de seis a siete veces al día, con la vejiga conteniendo de 180 a 350 mL a la vez. Con la vejiga hiperactiva, podría orinar 13 o más veces al día y más de dos veces durante la noche, en pequeñas cantidades.

El entrenamiento o reentrenamiento de la vejiga incluye enseñar nuevos hábitos al orinar con un esquema establecido. Esto permite tener control sobre las urgencias y que la vejiga se llene de manera adecuada. Tal entrenamiento puede ser útil para varones y mujeres que tienen urgencia y otros tipos de incontinencia. Un programa de entrenamiento de la vejiga se puede usar solo o combinado con otras terapias. Por lo general se siguen estos pasos básicos:

Encontrar un patrón personal. Por algunos días, llevar un diario vesical cada vez que orine. Por ejemplo, puede encontrar que tiende a orinar cada hora. Su médico puede usar entonces este diario para ayudarle a establecer un esquema para el entrenamiento de la vejiga.

Establecer los intervalos para ir al baño. Después de descubrir cuánto tiempo pasa entre una ida al baño y otra, es probable que el médico sugerirá que amplíe tal intervalo 15 minutos. De esa manera, si determina que su intervalo usual es de una hora, trabaje para ampliarlo a una hora y 15 minutos.

Apegarse a un esquema. Una vez que ha establecido un esquema durante el día (tal vez no se necesitará seguir un esquema en la noche), haga lo posible por apegarse a él. Aquí es donde empieza su participación activa. Inicie su esquema orinando de inmediato al despertar en la mañana. Después, si se presenta un deseo pero no es tiempo de ir, trate lo más que pueda de esperarse. Si siente que va a tener un accidente, vaya al baño pero regrese a su esquema actual.

Los deseos en general llegan a un pico y después se van de manera gradual. Responder de inmediato a un deseo corriendo al baño sólo sirve para aumentar su sensación de urgencia y puede incluso propiciar un accidente. En lugar de ello, deténgase y tome una respiración profunda. Relájese y trate de pensar en otra cosa que no sea ir al baño. Haga un juego mental como recordar los tres últimos libros que ha leído o las películas que ha visto. Podría ayudar hacer unas cuantas contracciones del músculo del piso pélvico (descritas más adelante) para mantener el control. Incluso si siente un deseo urgente en su momento programado, deténgase y espere hasta que la urgencia ceda, después proceda con lentitud a ir al baño.

Aumentar los intervalos. La meta es ir alargando el tiempo entre los viajes al baño hasta que logre intervalos de dos a cuatro horas. Podría hacer esto ampliando sus intervalos 15 minutos adicionales cada semana hasta que logre la meta deseada.

No se desaliente si no tiene éxito las primeras veces. Siga practicando, y es muy probable que su capacidad para mantener el control aumente. Véase el Apéndice de la página 198 para instrucciones acerca de realizar vaciamientos instruidos con horario.

Entrenamiento de los músculos del piso pélvico

El entrenamiento de los músculos del piso pélvico incluye hacer ejercicios, referidos con frecuencia como de Kegel, para fortalecer el esfínter urinario débil y los músculos del piso pélvico —aquellos que ayudan a controlar la diuresis y la defecación. Los músculos del piso pélvico tienen papeles duales. Uno es abrir y cerrar la uretra y el ano. El otro es dar soporte a la vejiga y al recto —al igual que un cabestrillo muscular— conforme se ejercita haciendo actividades cotidianas como caminar, ponerse de pie, levantar algo y estornudar. Los músculos del piso pélvico se estiran entre las piernas y se unen en la parte de enfrente, parte posterior y lados del hueso pélvico. Su médico podría recomendar que ejercitara estos músculos tres o cuatro veces al día para tratar la incontinencia. Véase el Apéndice de la página 191 para información acerca de cómo realizar ejercicios del piso pélvico.

Biorretroalimentación

Una técnica llamada biorretroalimentación puede ayudarle con los ejercicios de los músculos del piso pélvico, en particular si tiene problemas para sentir o percibir estos músculos. La biorretroalimentación es un sistema que usa varios procedimientos de monitorización y equipo para brindarle retroalimentación de las respuestas corporales como la actividad muscular, frecuencia cardiaca, temperatura de la piel y actividad eléctrica cerebral. Al usar esta información puede aprender a controlar algunas de estas respuestas corporales para mejorar su salud.

En el caso de la incontinencia urinaria, la biorretroalimentación se puede usar para vigilar la actividad eléctrica de los músculos del piso pélvico y asegurarse de que se están usando los músculos correctos cuando se hacen los ejercicios. Muchos especialistas entrenados conducen sesiones de biorretroalimentación. Éstos incluyen a enfermeras, terapistas ocupacionales, terapistas físicos, y psicólogos. Además, hay dispositivos de biorretroalimentación que se pueden usar en casa.

Durante una sesión de biorretroalimentación, el paciente o el terapista inserta un pequeño sensor en la vagina o el recto; a veces en ambas áreas. En algunos casos, los sensores no se pueden colocar de manera interna y se sustituyen por electrodos pequeños en la piel adyacente a los músculos del piso pélvico. Los electrodos también se pueden colocar en el abdomen, los muslos o los glúteos para ver si se están usando de manera no intencional estos músculos durante una contracción de los músculos del piso pélvico. Después piden que contraiga los músculos del piso pélvico varias veces conforme los sensores registran la fuerza y el control de las contracciones. Al observar la lectura y comparar la respuesta con la ideal se pueden modificar las contracciones para ayudar a que se hagan los ejercicios de manera adecuada.

Los dispositivos electrónicos portátiles que se usan en casa para medir la fuerza de las contracciones del piso pélvico se pueden comprar en las farmacias y tiendas de artículos médicos. No todos requieren receta. Si se está interesado en usar un aparato de biorretroalimentación en casa, debe preguntarse al médico o terapista si uno de estos dispositivos sería adecuado.

Estimulación eléctrica

La corriente eléctrica débil se usa algunas veces para tratar los músculos y nervios que juegan un papel en la incontinencia urinaria. La corriente se aplica a través de los electrodos que se colocan cerca de los músculos o de manera directa sobre los nervios que están designados a tratar.

Estimulación de los músculos del piso pélvico. Si los músculos del piso pélvico están muy débiles o si se necesita ayuda con los ejercicios de esta zona, el médico o terapista podría sugerir estimulación eléctrica pélvica. Con ella, los electrodos se insertan de manera temporal en el recto y la vagina para estimular sutilmente y fortalecer los músculos del piso pélvico. La estimulación eléctrica hace que se contraigan los músculos del piso pélvico sin esfuerzo por parte del paciente (contracciones pasivas). La estimulación eléctrica también se puede usar con ejercicios de fortalecimiento para músculos muy débiles. Esta técnica puede ser efectiva para la incontinencia de estrés y de urgencia tanto en varones como en mujeres, pero a menudo tarda varios meses y múltiples tratamientos para funcionar. El procedimiento se puede hacer en el consultorio del médico o del terapista, o en casa con un dispositivo portátil de baterías.

Estimulación del nervio tibial. Inspirado en la acupuntura, este método de estimulación eléctrica se usa para tratar la incontinencia de urgencia. En lugar de estimular a los músculos del piso pélvico, estimula al nervio tibial localizado en la parte inferior de la pierna. Dicho nervio está conectado con el grupo del nervio sacro, el cual juega un papel directo en la regulación de las contracciones vesicales. La estimulación del nervio tibial puede ayudar a moderar los mensajes nerviosos desequilibrados que una vejiga hiperactiva envía al cerebro, reduciendo el número de contracciones vesicales y los síntomas de urgencia y de frecuencia.

La estimulación del nervio tibial puede hacerse en el consultorio del médico. Durante el procedimiento, se inserta una fina aguja justo por arriba del hueso del tobillo. La estimulación eléctrica de baja frecuencia pasa a través de la aguja al nervio tibial durante unos 30 minutos. El procedimiento no duele, pero podría notar que los pies se extienden hacia fuera o que el dedo pulgar se tuerce. Puede también percibirse una sensación que pasa a través de la planta del pie. La estimulación se aplica una vez a la semana durante más o menos tres meses y después conforme se necesite, dependiendo de la respuesta a la terapia.

Estudios clínicos preliminares han mostrado que la terapia mejora en forma sustancial signos y síntomas de incontinencia, en particular la frecuencia y la urgencia. Se necesitan más estudios para examinar los efectos a largo plazo de la terapia. La estimulación nerviosa tibial puede brindar una alternativa atractiva para personas que han agotado otros métodos conservadores y prefieren no someterse a cirugía.

Estimulación nerviosa sacral. La estimulación directa del nervio sacro, el cual se ramifica hacia la médula espinal inferior, es otra opción para tratar la vejiga hiperactiva. Esta terapia requiere un procedimiento quirúrgico que se presenta en el Capítulo 6.

Otros cambios en el estilo de vida

Se pueden hacer otros cambios en los hábitos diarios (manejo de los medicamentos que toma, controlar el peso, dejar de fumar, y tratar el estreñimiento), que pueden mejorar los síntomas de incontinencia.

Manejo de los medicamentos

Los medicamentos que toma por alguna otra condición podrían causar o contribuir con la incontinencia. Si tiene problemas con la incontinencia o dificultad para orinar, hable con el médico acerca de los medicamentos que toma. El médico podría sugerir una dosis alternativa u otro medicamento que no cause este tipo de efectos secundarios.

Ejemplos de medicamentos que podrían contribuir con la incontinencia incluyen antihipertensivos, medicamentos para el corazón, diuréticos, relajantes musculares, sedantes y antidepresivos. Los efectos comunes de estos medicamentos incluyen:

- relajación del músculo uretral, lo cual puede producir fuga;
- relajación del músculo vesical, lo cual puede producir retención urinaria e incontinencia por rebosamiento;
- disminución de la conciencia de la necesidad de orinar;
- sobreproducción de orina, lo cual puede sobrepasar y de hecho estresar la vejiga;
- estreñimiento, el cual puede obstruir el flujo de orina y agravar la vejiga hiperactiva;
- tos crónica, lo cual puede agravar la incontinencia por estrés.

Véase el Apéndice de la página 192 para una lista de tipos de medicamentos que pueden contribuir con la incontinencia urinaria.

Control del peso

Tener sobrepeso puede contribuir también con la incontinencia urinaria, en particular la incontinencia por estrés y la mixta. Esto se puede deber a que el exceso de peso aumenta la presión en el abdomen durante la actividad física, lo cual puede aumentar la presión en la vejiga y la capacidad de la uretra para cambiar de posición produciendo fuga. Un estudio encontró que el riesgo de incontinencia grave fue tres veces más alto en las mujeres obesas que en las de peso normal. Otro estudio encontró que las mujeres moderadamente obesas que perdieron sólo 5% de su peso corporal presentaron una mejoría de los síntomas. Si tiene sobrepeso y presenta incontinencia urinaria, entrar a un programa de control de peso puede ser de ayuda.

Dejar de fumar

Los productos del tabaquismo son otro factor de estilo de vida que puede tener un impacto en la incontinencia urinaria. En particular, los fumadores intensos tienden a desarrollar tos crónica grave, la cual puede colocar presión adicional a la vejiga y agravar la incontinencia urinaria. Dejar de fumar permite a los pulmones recuperar al menos

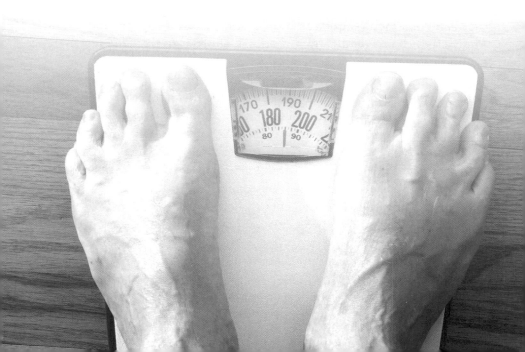

algo de la normalidad, reduciendo o incluso eliminando la tos y sus efectos sobre la vejiga. Mejorar la incontinencia urinaria puede ser uno de los múltiples beneficios de dejar de fumar.

Su papel en el tratamiento

Las terapias conductuales pueden ser muy efectivas en el tratamiento de la incontinencia urinaria y brindar beneficios sustanciales con un mínimo de efectos secundarios. El médico puede ayudarle de muchas maneras —al enseñarle cómo implementar diferentes terapias, dándole retroalimentación y ayudándole a manejar los medicamentos— pero también usted juega un papel vital en el tratamiento.

Una vez que aprenda cómo hacer los ejercicios de los músculos del piso pélvico, por ejemplo, o que empiece un programa de entrenamiento de la vejiga, su trabajo es llevar a cabo de manera activa su tratamiento. Muchas terapias conductuales tardan cierto tiempo y práctica antes de que se comiencen a ver los resultados. Pero la persistencia da resultados. Si se apega al programa, lo más probable es que vea una mejoría en los síntomas. Y si un tipo de terapia no funciona, se debe hablar con el médico acerca de explorar otras opciones que podrían servir mejor.

Por último, es beneficioso rodearse de una red positiva de familiares y amigos. Aunque la incontinencia puede ser un tema vergonzoso para comentar al principio, podría sorprenderse de qué tan común es en realidad. Podría también descubrir cómo la comprensión para otras personas se puede presentar una vez que se aprenden las implicaciones de la condición y los beneficios de su tratamiento, tanto para usted como para ellas.

Capítulo 5

Medicamentos y dispositivos para tratar la incontinencia urinaria

En algunos casos, el médico podría recomendar uno o más medicamentos para tratar la incontinencia. A menudo éstos se toman junto con la terapia conductual.

Además, están disponibles dispositivos médicos para ayudar a tratar la incontinencia urinaria, en particular en las mujeres. Estos dispositivos se usan para detener la fuga o para sostener una vejiga débil. Los procedimientos de drenaje manual como la autocateterización son otra alternativa tanto para varones como para mujeres. Estos dispositivos y procedimientos se presentan al final de este capítulo.

Medicamentos

Se usan varios medicamentos para tratar todos los tipos de incontinencia. Los medicamentos han sido los más útiles para personas con vejiga hiperactiva. La incontinencia por estrés se trata con más frecuencia con terapia conductual como el entrenamiento de los músculos del piso pélvico, en parte debido a que esta terapia produce resultados satisfactorios en muchas personas y en parte porque hasta ahora no existe ningún medicamento específico para este tipo de incontinencia.

Pero los nuevos medicamentos, tanto para la incontinencia por estrés como para la vejiga hiperactiva, están disponibles; son más fáciles de tomar y tienen menos efectos secundarios que los anteriores. Como resultado, los medicamentos se están volviendo una

amiento de la incontinencia de lo que

lico, revise con cuidado todos los medica-
ier otra condición, incluyendo los de venta
olaria. Algunos medicamentos pueden
pendiendo del tipo que presente. Otros
icamento para la incontinencia de mane-
síntomas. El médico puede ayudar a decidir cuál
es el mejor para usted.

Los principales tipos de medicamentos utilizados para manejar la incontinencia urinaria incluyen:

- anticolinérgicos
- estrógeno
- bloqueadores alfa adrenérgicos
- agonistas alfa adrenérgicos.

También se usan otros medicamentos, incluyendo imipramina, un antidepresivo, y la desmopresina, un fármaco que se utiliza con frecuencia en los niños que se orinan en la cama.

Anticolinérgicos

Si se pudiera echar un vistazo de cerca a las células del cuerpo, se verían pequeños receptores en la superficie externa de cada célula. Éstos actúan como vías de entrada para varios mensajeros químicos (neurotransmisores) desde el cerebro que le dicen a las células cómo actuar. Cada neurotransmisor se une a un receptor pareado, como una llave en la cerradura.

La acetilcolina es un neurotransmisor que actúa en las células del músculo vesical para provocar contracciones en la vejiga. Debido a que la vejiga hiperactiva se caracteriza por contracciones anormales, las cuales hacen que surja el deseo de orinar incluso cuando la vejiga no está llena, los anticolinérgicos funcionan al bloquear a los receptores a los cuales se une normalmente la acetilcolina (receptores muscarínicos). Esta acción tiene tres resultados:

- disminuye las contracciones musculares involuntarias de la vejiga,
- reduce la fuerza de las contracciones involuntarias,
- aumenta la capacidad de almacenamiento de la vejiga.

Como resultado, la vejiga recibe menos mensajes no deseados para contraerse, y disminuyen la urgencia, frecuencia y los episodios de incontinencia.

Los dos anticolinérgicos prescritos con más frecuencia son la oxibutinina y la tolterodina. Ambos están disponibles en una presentación de liberación prolongada, lo cual tiene dos ventajas sobre las presentaciones de liberación inmediata. Es posible que sólo necesite tomarlos una vez al día y tienen menos efectos secundarios. Aun así, la presentación de liberación inmediata puede ser útil si presenta incontinencia sólo en ciertos momentos, como en la noche.

Un estudio que comparó las presentaciones de liberación prolongada de oxibutinina y tolterodina encontró que son efectivas de manera similar, aunque la oxibutinina pareció ser un poco mejor al brindar alivio sintomático general. Los efectos secundarios por lo general fueron leves.

La oxibutinina está también disponible como parche dérmico que libera una cantidad continua de medicamento al cuerpo para tres días y medio. Estudios iniciales han mostrado que el parche dérmico es tan efectivo como la presentación oral de liberación inmediata de oxibutinina, pero con menos efectos secundarios.

La propantelina y la hiosciamina también se han usado para la vejiga hiperactiva, pero debido a sus pronunciados efectos secundarios están en desuso.

Los anticolinérgicos son los medicamentos de elección para mujeres con vejiga hiperactiva. La investigación acerca de anticolinérgicos para varones ha estado limitada por el hecho de que los síntomas de la vejiga hiperactiva a menudo coinciden o se superponen con los de una próstata crecida (hiperplasia prostática benigna, o HPB). En este caso la meta es tratar la próstata crecida, lo cual por lo general aliviará después la incontinencia. Si la HPB o una obstrucción como un tumor no es la causa de los síntomas vesicales, el médico podría recomendar tratamiento con un bloqueador alfa adrenérgico. Si esto no funciona y la cirugía no es una opción, entonces el paciente y el médico podrían decidir probar un anticolinérgico, aunque se necesita más investigación para determinar su efectividad en varones.

Efectos secundarios y precauciones. El efecto secundario más común de los anticolinérgicos es boca seca. Para contrarrestarlo, se podría chupar un dulce o usar goma de mascar para producir más saliva. Otros efectos secundarios menos comunes incluyen estreñimiento, agruras, visión borrosa, retención urinaria y efectos secundarios cognitivos como mareo y confusión.

El efecto secundario más común del parche dérmico de oxibutinina es irritación de la piel. El médico podría recomendar cambiar la posición del parche de manera que se use en el mismo sitio sólo cada semana.

No se debe tomar un anticolinérgico si hay problemas de retención urinaria, obstrucción gastrointestinal o glaucoma de ángulo estrecho no controlado. Los anticolinérgicos se deben usar con precaución si existen problemas del hígado o del riñón.

Estrógeno

La vejiga y la uretra de la mujer también contienen receptores para la hormona estrógeno. El estrógeno ayuda a mantener la fuerza y flexibilidad de los tejidos de esta área. Después de la menopausia, el cuerpo de una mujer produce menos estrógenos. La teoría es que esta disminución de estrógenos contribuye con el deterioro de los tejidos de soporte alrededor de la vejiga y la uretra, lo cual hace que estos tejidos se debiliten y de manera eventual lleva a incontinencia por estrés.

Se sabe que el estrógeno mejora el flujo sanguíneo y la función nerviosa, y corrige el deterioro en las áreas vesical y vaginal. Aplicar estrógeno en forma de crema vaginal, anillo o parche puede ayudar a tonificar y rejuvenecer estas áreas y aliviar algunos de los síntomas de incontinencia por estrés. Los estrógenos orales pueden no tener los mismos beneficios que las cremas y los ungüentos tópicos.

En general, hay poca evidencia científica para respaldar el uso de estrógeno para tratar la incontinencia urinaria. Varios estudios han encontrado que los estrógenos no son mucho mejores que el placebo, aunque podrían tener un papel cuando se usan en combinación con otras terapias, como el entrenamiento de músculos del piso pélvico.

Efectos secundarios y precauciones. La *Women's Health Initiative* —un estudio grande patrocinado por los *National Institutes of Health*— encontró que tomar una combinación de terapia de reemplazo hormonal (estrógeno más progestina) rara vez aumenta los riesgos importantes de salud, como la enfermedad cardiaca, ataque vascular cerebral, cáncer de próstata y demencia. Además, un gran estudio de terapia de reemplazo hormonal y salud cardiovascular encontró que tomar una combinación de terapia de reemplazo hormonal podría en realidad empeorar la incontinencia urinaria.

A la luz de esta evidencia, la combinación de terapia de reemplazo hormonal en general no se prescribe para la incontinencia urinaria y sólo se aconseja cuando los beneficios sobrepasan los riesgos. Por otro lado, el estrógeno en forma de crema o anillo vaginal tiene un efecto mucho más localizado que la presentación oral y no entra mucho al torrente sanguíneo. Como resultado no es probable que produzca los riesgos generales asociados con la terapia hormonal oral.

Bloqueadores alfa adrenérgicos

Al inicio, estos medicamentos se desarrollaron para tratar la presión arterial alta, pero también se usan para tratar el crecimiento de la próstata en los varones y se ha encontrado que mejoran los síntomas de la vejiga hiperactiva y la incontinencia por rebosamiento. Los bloqueadores alfa adrenérgicos, también conocidos como bloqueadores alfa, promueven la relajación del músculo liso en el cuello de la vejiga y en la uretra al bloquear al neurotransmisor norepinefrina uniéndose a los receptores alfa adrenérgicos en estas áreas. Esto tiende a aumentar el flujo —la cantidad de orina que pasa cada vez que se orina— y a disminuir la frecuencia —el número de veces que se necesita orinar.

El médico podría recomendar uno de estos medicamentos si se presentan síntomas de vejiga hiperactiva, incluso si no hay obstrucción de la vejiga, como una próstata grande en los varones. El efecto real de estos medicamentos para la vejiga hiperactiva es difícil de determinar porque la mayoría de los estudios clínicos ha analizado los síntomas de vejiga hiperactiva y obstrucción juntos, dificultando que se distinga el efecto de cada medicamento por separado y el efecto específico sobre la vejiga hiperactiva.

Ejemplos de bloqueadores alfa adrenérgicos incluyen:
- Tamsulosina
- Alfuzosina
- Doxazosina
- Terazosina
- Prazosina.

Efectos secundarios y precauciones. Los bloqueadores alfa adrenérgicos pueden causar una caída súbita de la presión arterial cuando se cambia de una posición a otra, como al levantarse de la cama o al ponerse de pie estando en una silla (hipotensión postural). Esto puede suceder más cuando se toman medicamentos para la disfunción eréctil, como sildenafil, vardenafil o tadalafil.

Para reducir el riesgo de efectos secundarios, el médico puede empezar con una dosis baja del alfa bloqueador y aumentar en forma gradual la dosis hasta un punto óptimo para usted. Si ya se toman medicamentos para la presión arterial (antihipertensivos), el médico deseará vigilar los efectos colaterales.

Agonistas alfa adrenérgicos

Los agonistas alfa adrenérgicos hacen lo opuesto que los bloqueadores alfa adrenérgicos. En lugar de bloquear a los receptores alfa adrenérgicos en el cuello de la vejiga y la uretra, estos medicamentos estimulan a los receptores al simular la acción de la norepinefrina. Esto tiene el efecto de contraer al músculo liso uretral lo cual hace que el esfínter urinario se cierre y se evita que la orina se fugue.

Ejemplos de agonistas alfa adrenérgicos incluyen la efedrina, seudo-efedrina y el ahora descontinuado fenilpropanolamina (PPA). Estos medicamentos no están diseñados de manera específica para la incontinencia pero la efedrina y la seudoefedrina se encuentran con frecuencia en medicamentos de venta sin receta para la tos, antihistamínicos y supresores del apetito. Aunque pueden ser útiles en los casos leves de incontinencia por estrés, su uso ha disminuido debido a los potencialmente peligrosos efectos secundarios.

Efectos secundarios y precauciones. La *Food and Drug Administration* (FDA, Administración de Alimentos y Medicamentos de Estados Unidos) solicitó en el año 2000 que las compañías farmacéuticas retiraran del mercado los productos que contenían PPA después de que un estudio encontró que aumentaban el riesgo de ataque vascular cerebral, en particular en las mujeres. Es posible que la efedrina y la seudoefedrina tuvieran efectos similares, por ello estos medicamentos se deben usar con precaución.

Los efectos secundarios incluyen agitación, insomnio, ansiedad, boca seca y dolor de cabeza. Se debe evitar el uso de agonistas alfa adrenérgicos si existe glaucoma, diabetes, hipertiroidismo, enfermedad cardiaca, o presión arterial alta.

Otros medicamentos

Algunos fármacos no caen en ninguna de las categorías anteriores pero aun así se usan como parte del arsenal de medicamentos para la incontinencia urinaria.

Imipramina. Es un antidepresivo tricíclico que tiene efectos tanto anticolinérgicos como alfa adrenérgicos. Esto hace que el músculo vesical se relaje y los músculos lisos del cuello de la vejiga se contraigan.

Como tal, se puede usar para la incontinencia mixta —de urgencia y por estrés. Debido a que produce somnolencia, puede mejorar la incontinencia durante la noche también. También puede ser útil para los niños que se orinan en la cama (enuresis nocturna).

La imipramina puede causar efectos secundarios importantes que afectan al sistema cardiovascular, como la hipotensión postural y frecuencia cardiaca irregular. Los niños son en especial susceptibles a estos efectos secundarios. Otros efectos colaterales, incluyendo boca seca, visión borrosa y estreñimiento, son similares a los de los anticolinérgicos. Los antidepresivos tricíclicos interactúan con muchos medicamentos diferentes, por ello se debe asegurar que el médico sepa cuáles medicamentos se están tomando antes de que se inicie la imipramina.

Desmopresina. Es una versión sintética de una hormona natural en el cuerpo llamada hormona antidiurética (ADH, por sus siglas en inglés). Esta hormona hace más lenta la producción de orina. El cuerpo en general produce más ADH en la noche, por ello la necesidad de orinar es menor entonces.

En los niños, la enuresis nocturna puede ser causada por un acortamiento de la producción de ADH durante la noche. La desmopresina se usa con frecuencia para tratar la enuresis nocturna en los niños y está disponible como aerosol nasal o pastillas para usar antes de dormirse.

Dos estudios han sugerido que la desmopresina también puede reducir la incontinencia durante la noche en varones y mujeres adultas. Los efectos colaterales son poco frecuentes, pero existe riesgo de retención de agua y deficiencia de sodio en la sangre (hiponatremia), en particular en adultos mayores.

Medicamentos en desarrollo

La vieja visión de que la incontinencia es una parte inevitable del envejecimiento está cambiando. Las toallas y los productos absorbentes ya no se ven como la principal corriente de tratamiento. En lugar de ello, los médicos y los pacientes están buscando mejores maneras de tratar la incontinencia urinaria de forma tal que no inhiba la calidad de vida. Un resultado de este método es la investigación y el desarrollo de nuevos medicamentos que podrían tener beneficios más duraderos y menos efectos secundarios. Estos son algunos ejemplos:

Duloxetina. Es un nuevo medicamento con aprobación condicional para tratar la depresión pero que también se está evaluando específicamente para tratar la incontinencia por estrés.

La duloxetina está dentro de una clase de fármacos llamados inhibidores selectivos de la recaptura de serotonina y la norepinefrina (ISRSN, por sus siglas en inglés). Estos medicamentos interactúan con los neurotransmisores serotonina y norepinefrina. Son selectivos porque funcionan casi de manera exclusiva en la serotonina y la norepinefrina y tienen poco efecto en otros neurotransmisores.

Cuando una célula nerviosa envía un mensaje a otro nervio por medio de los neurotransmisores, los libera hacia un espacio (sinapsis) entre la célula que envía y la célula que recibe. Después de que los neurotransmisores se han conectado con su receptor adecuado en la célula receptora, regresan a la célula que los envió. Este proceso se llama recaptura.

La duloxetina funciona al inhibir la recaptura de serotonina y norepinefrina. Esto mantiene a los neurotransmisores en la sinapsis durante un tiempo más prolongado, en donde permanecen activos y siguen desencadenando mensajes. Uno de los efectos de esta acción es promover la relajación del músculo vesical y aumentar la fuerza de la salida de la vejiga (esfínter uretral), aumentando de esta forma la capacidad de almacenamiento de la vejiga mientras que se reduce o se evita la fuga.

Durante varios estudios controlados, aleatorios, la duloxetina mejoró de manera significativa la incontinencia en mujeres, en contraposición con el placebo. En la mayoría de los estudios, la calidad de vida también mejoró. El efecto secundario más común es la náusea, pero por lo general es leve y desaparece en pocas semanas.

Aunque la duloxetina se está desarrollando sobre todo para tratar la incontinencia por estrés, también puede ser útil para la incontinencia mixta. Mientras que está disponible en otras partes, en Estados Unidos el medicamento todavía no se ha aprobado para tratar la incontinencia.

Anticolinérgicos selectivos. Una de las limitaciones de los anticolinérgicos actuales es que interactúan con varios receptores en todo el cuerpo, como los de las glándulas salivales y del sistema nervioso central, además de los de la vejiga. Esto produce un mayor rango de efectos secundarios, como boca seca y mareo.

Darifenacina, solifenacina y trospium son tres anticolinérgicos recién aprobados que se dirigen a receptores específicos en el músculo vesical para tratar la vejiga hiperactiva. Al ser selectivos en los receptores sobre los cuales interactúan, estos medicamentos pueden producir menos efectos secundarios que los fármacos como oxibutinina y tolterodina mientras que brindan los mismos beneficios.

Capsaicina y resiniferatoxina. Algunos estudios han mostrado que la capsaicina, el componente de los chiles, tiene un efecto anestésico en las vejigas hipersensibles. Después de que la vejiga se llena (instila) con el extracto de capsaicina por medio de un catéter, el extracto estimula al principio a los nervios sensitivos de la vejiga y después produce una resistencia a largo plazo para la activación sensorial, lo cual puede durar de dos a siete meses. La capsaicina se ha usado con éxito como tratamiento para la vejiga hiperactiva asociada con trastornos neurológicos como la esclerosis múltiple o las lesiones espinales traumáticas.

Los efectos secundarios temporales incluyen molestia y sensación de ardor en el área púbica cuando se instila la capsaicina. Instilar lidocaína antes de la capsaicina puede ayudar a aliviar este problema.

La resiniferatoxina es un extracto de una planta semejante a un cactus y tiene un efecto similar a la capsaicina. Es mil veces más potente que ésta pero no produce sensaciones de ardor en el área púbica cuando se instila en la vejiga. Además, estudios de resiniferatoxina han encontrado que no produce la agravación temporal de los síntomas vesicales que se observa con la capsaicina, y sus efectos favorables pueden durar más de tres meses.

En estudios clínicos, la resiniferatoxina ha sido exitosa en el tratamiento de la vejiga hiperactiva asociada con trastornos neurológicos, pero no se han observado los mismos beneficios en vejiga hiperactiva no neurogénica.

Toxina botulínica tipo A. Las inyecciones de toxina botulínica tipo A dentro del músculo de la vejiga han beneficiado a personas que tienen una vejiga hiperactiva asociada con daño en los nervios (hiperactividad vesical neuropática), como en las personas con lesión de la médula espinal o niños que nacen con espina bífida.

La toxina botulínica tiene el efecto de bloquear las acciones de la acetilcolina y paralizar al músculo vesical. La inyección se hace a través de un instrumento largo y delgado que lleva una pequeña cámara en la punta por la cual el médico puede observar el interior de la vejiga (citoscopio).

Estudios preliminares han encontrado que la toxina botulínica mejora de manera significativa los síntomas de incontinencia y produce muy pocos efectos secundarios. Los beneficios duran de seis a

Medicamentos utilizados en el tratamiento de incontinencia urinaria

Medicamento	Tipo de incontinencia	Personas que pueden beneficiarse
Anticolinérgicos • **Darifenacina** • **Hiosciamina** • **Oxibutinina** • **Propantelina** • **Propiverina*** • **Solifenacina** • **Tolterodina** • **Trospium**	**Vejiga hiperactiva**	**Principalmente mujeres**
Estrógeno • **Crema vaginal** • **Anillo vaginal**	**Vejiga hiperactiva**	**Mujeres**
Bloqueadores alfa adrenérgicos • **Alfuzosina** • **Doxazosina** • **Prazosina** • **Tamsulosina** • **Terazosina**	**Vejiga hiperactiva** **Incontinencia por rebosamiento**	**Varones**
Agonistas alfa adrenérgicos • **Seudoefedrina**	**Incontinencia por estrés**	**Varones y mujeres**
Imipramina	**Vejiga hiperactiva** **Incontinencia por estrés** **Incontinencia mixta** **Incontinencia nocturna**	**Varones y mujeres**
Desmorpresina	**Orinarse en la cama** **Incontinencia nocturna**	**Principalmente niños pero es posible que también varones y mujeres**

*Actualmente no disponible en Estados Unidos.

nueve meses. En un estudio de 15 niños con vejiga hiperactiva por espina bífida, 13 sanaron después de haber sido tratados con toxina botulínica. Otros estudios encontraron que la toxina redujo de manera importante la necesidad de medicamentos y cateterización en personas con vejiga hiperactiva neuropática. Cuando se comparó con resiniferatoxina, la toxina botulínica pareció brindar beneficios superiores.

Los científicos especulan que la toxina botulínica podría también ser útil para personas con síntomas graves de vejiga hiperactiva no relacionados con una condición neurológica, que no han respondido a otros medicamentos.

Dispositivos médicos

Están disponibles varios dispositivos médicos que pueden ayudar a permanecer seco o por lo menos a reducir la cantidad que se fuga; algunos se pueden poner y tomar a discreción. Otros se pueden usar todo el tiempo. La mayoría de ellos están diseñados para las mujeres, pero algunos dispositivos externos también están disponibles para varones.

El beneficio de estos dispositivos es que se puede controlar su uso. Aunque no curan la incontinencia, pueden ayudar a manejarla. El inconveniente es que para algunas personas pueden ser incómodos e incluso dolorosos. Si se tienen preguntas, debe hablarse con el médico. Él puede ayudar a decidir si uno de estos dispositivos médicos sería útil para usted.

Insertos uretrales

Los insertos uretrales son dispositivos pequeños semejantes a un tampón que las mujeres insertan en la uretra para evitar que la orina se salga. Los insertos uretrales no son para uso diario. Funcionan mejor para las mujeres que tienen incontinencia predecible durante ciertas actividades, como jugar tenis. Este dispositivo se inserta antes de la actividad. En el momento que la persona quiera orinar retira el dispositivo. Los insertos uretrales están disponibles con receta.

Un ejemplo de inserto uretral es el dispositivo desechable de un solo uso, hecho de silicona, que tiene la forma de una sonda con una punta semejante a un globo en un extremo y un cordón en el otro.

Revistiendo a la sonda está una vaina llena de aceite mineral. Después de que se inserta el dispositivo en la vejiga con un aplicador,

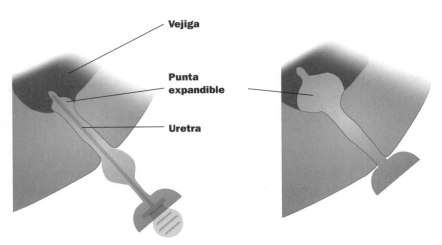

Vejiga

Punta expandible

Uretra

El inserto uretral se coloca en la uretra de la mujer en donde forma una barrera entre la vejiga y el exterior, lo cual evita la salida de orina durante actividades que de otra manera podrían causar incontinencia.

la mayoría del líquido pasa hacia la punta del globo. Debido a que la punta de globo es blanda y está llena de líquido, se ajusta a la forma de la vejiga y crea un sello alrededor del cuello de la vejiga, lo cual evita que la orina se escape. Para retirar el inserto, se jala el cordón, el cual permanece fuera de la uretra, y se extrae el dispositivo.

Pesario

El médico puede prescribir un pesario —un dispositivo de silicona o látex que por lo general tiene la forma de un anillo o un plato que se inserta dentro de la vagina y se puede usar todo el día. El dispositivo ayuda a sostener la vejiga, la cual está cerca de la vagina, para evitar que la orina se escape. Se puede obtener beneficio de un pesario si la incontinencia se debe a una caída (prolapso) de la vejiga o el útero.

Por lo común el pesario es ajustado y colocado en su lugar por el médico. Si existe una infección en el área pélvica, se debe tratar antes de que se aplique el dispositivo para evitar complicaciones. No se tiene que quitar siempre para orinar, pero se necesita quitarlo de manera regular para limpiarlo. Algunos de los efectos secundarios que se pueden presentar incluyen reacción alérgica al látex o a la silicona, infección y úlceras por compresión. Estas últimas son más comunes en la posmenopausia debido a que el tejido vaginal por lo general es más sensible y menos elástico después de la menopausia. La crema vaginal de estrógeno puede ayudar en este caso.

Barreras externas

Los dispositivos que se usan de manera externa están disponibles para mujeres y para varones. Se presentan en varias formas y están diseñados para detener el flujo de orina.

Para las mujeres. Las toallas de esponja autoadheribles desechables están disponibles, se adhieren a la apertura uretral y evitan que la orina se fugue. Las toallas son casi del tamaño de un timbre postal y se ajustan entre los labios de la vulva. Se retira la toalla para orinar y después se inserta otra.

Otro tipo de barrera externa es un capuchón de silicona que se ajusta sobre la apertura uretral y utiliza succión para mantenerse en su lugar. Se puede lavar con agua y jabón y volverse a usar durante más de una semana.

Para los varones. Los clips peneanos y los anillos de compresión son dos dispositivos disponibles para los varones. El clip peneano se ajusta sobre el pene. La presión se puede ajustar para detener el flujo de orina. El clip de Cunningham, el cual se usa con mayor frecuencia, tiene un acolchonado de esponja en el interior y uno de metal en el exterior. El anillo de compresión se infla alrededor del pene y también funciona al pinzar el flujo de orina.

Estos dispositivos no se deben usar por más de dos o tres horas a la vez. Si se dejan demasiado tiempo pueden causar daño al tejido, hinchazón y dolor.

Catéteres

Si otros tratamientos fracasan o son inaceptables, o si se requiere ayuda mientras se espera para un tratamiento como la cirugía, el médico podría recomendar usar un catéter, el cual es una sonda delgada que se coloca en la uretra para permitir que se drene la vejiga de manera manual. Esto lo puede hacer otra persona o el propio paciente. En algunos casos, el catéter se puede dejar adentro. El catéter se conecta a una bolsa externa para contener la orina. La bolsa se vacía conforme se requiera.

Si existe daño a los nervios o si es un varón con problemas vesicales por crecimiento prostático, usar un catéter a intervalos regulares puede ayudar a vaciar la vejiga por completo y evitar la incontinencia por rebosamiento.

Los efectos colaterales comunes de usar un catéter incluyen infecciones del tracto urinario e irritación de la piel. El uso cuidadoso de técnicas estériles mientras se usa el catéter puede ayudar a evitar estos problemas.

Para los varones también hay un sistema de drenaje externo llamado condón catéter, el cual se ajusta sobre el pene como un condón y colecta la orina. Después se drena a través de una sonda a una bolsa que se fija en la pierna. Los condones catéteres se presentan en forma desechable y reutilizable. Una ventaja del condón catéter es que no requiere que se coloque un catéter interno en la uretra. Como resultado, las infecciones del tracto urinario son menos comunes, aunque la irritación en la piel se puede presentar debido a la fricción entre el catéter y el pene.

Capítulo 6

Opciones quirúrgicas para tratar la incontinencia urinaria

Si las terapias conductuales y los medicamentos no funcionan, el médico podría sugerir una de varias opciones quirúrgicas disponibles para tratar la incontinencia urinaria. En general, la cirugía se reserva para cuando los síntomas no han respondido a otros tipos de tratamiento y la incontinencia está alterando de manera importante la calidad de vida.

La cirugía es más invasiva y tiene un riesgo más alto de complicaciones que otras terapias, pero también puede ser efectiva en el tratamiento de la incontinencia urinaria y brindar solución a largo plazo en casos graves. La mayoría de las opciones quirúrgicas se usan para tratar la incontinencia por estrés, aunque ahora también hay disponibles alternativas quirúrgicas para la incontinencia de urgencia grave.

Aspectos a conocer antes de la cirugía

Antes de elegir la cirugía para tratar la incontinencia es importante tener un diagnóstico correcto, debido a que se usan diferentes tipos de cirugía para tratar los distintos tipos de incontinencia. Su médico podría referirlo a un especialista en incontinencia, como un urólogo o un uroginecólogo, para pruebas diagnósticas adicionales. Las pruebas pueden incluir la cistouretroscopia, imagen del tracto urinario y estudios urodinámicos. (Para más información acerca de estas pruebas, véase el Capítulo 3.)

Si la incontinencia se origina por una condición médica independiente, el tratamiento está enfocado en corregir tal condición, lo cual también puede resolver la incontinencia. Por ejemplo, en un varón con incontinencia por rebosamiento, la cirugía puede ser necesaria para tratar una próstata grande que está comprimiendo a la uretra. En una mujer con incontinencia porque la vejiga o el útero se salieron de su posición (prolapso de órganos pélvicos), un cirujano puede recolocar el órgano con varias técnicas. La cirugía también puede ser una opción si la incontinencia se debe a un tumor en la vejiga o un útero con fibrosis. En ciertos casos, el embarazo o lesiones durante el parto pueden necesitar reparación. Rara vez la cirugía para tratar la incontinencia urinaria podría incluir agrandar la vejiga o corregir un defecto de nacimiento.

Al igual que con cualquier otro procedimiento quirúrgico, la cirugía para la incontinencia urinaria tiene el potencial de complicaciones como sangrado, infección de la herida y lesión de órganos, pero son poco comunes. Con mayor frecuencia se puede presentar infección del tracto urinario después de la cirugía, en particular si se requiere cateterización temporal. Pero esto se puede tratar fácilmente con antibióticos.

Aunque la cirugía casi siempre mejora la incontinencia urinaria, en algunos casos, no se cura por completo. Además, la cirugía sólo puede corregir el problema que se pretende tratar. Si la incontinencia es mixta, la cirugía para la incontinencia por estrés no ayudará con la incontinencia de urgencia, y se podrían necesitar medicamentos después de la cirugía para enfocarse en esta última. También es posible que después de la cirugía se desarrollen problemas urinarios y genitales que no existían antes, incluyendo:

- Dificultad para orinar y vaciamiento incompleto de la vejiga (retención urinaria), aunque esto por lo general es temporal.
- Desarrollo de vejiga hiperactiva, lo cual podría llevar a incontinencia de urgencia.
- Prolapso de órganos pélvicos.
- Parto complicado o doloroso.

Hablar con el cirujano antes de la cirugía puede dar una buena idea de los riesgos y beneficios asociados con los diferentes tipos de cirugía y ayudar a decidir cuál es el mejor en una situación en particular. Por ejemplo, podría ser preferible una cirugía con el menor riesgo de complicaciones o el tiempo de recuperación más corto o se podría optar por una que brinde la mayor oportunidad de una cura completa. Además, es probable que la experiencia del cirujano juegue un papel en el tipo de cirugía elegida.

La cirugía para la incontinencia urinaria rara vez es urgente. Además, el éxito del tratamiento tiende a declinar con las cirugías repetidas. Por ello, a menos que el doctor lo indique de otra manera, tómese tiempo para aprender acerca de las opciones y revisarlas con el médico o el cirujano. De esta manera se podrá tomar la decisión que brinde mejores resultados.

Cirugía para la incontinencia por estrés

Hay dos tipos de incontinencia por estrés. Una se debe a un débil soporte de los músculos del piso pélvico para la vejiga, cuello de la vejiga y uretra. El soporte débil deja que el cuello de la vejiga y la uretra cambien de manera temporal de posición bajo presión física, como cuando se tose, o se ríe, lo cual produce fuga de orina de la vejiga. Esta condición se refiere como hipermotilidad uretral y es la causa más común de incontinencia por estrés en las mujeres.

El segundo tipo de incontinencia por estrés se debe a debilidad o daño a los músculos del esfínter uretral que no son capaces de mantener la orina en la vejiga. Esto se llama deficiencia esfinteriana intrínseca (DEI).

Estas dos condiciones no están relacionadas entre sí, pero se pueden presentar al mismo tiempo. Los procedimientos utilizados cuando se hace el diagnóstico deben revelar si la incontinencia se debe a hipermotilidad uretral o a DEI. Este conocimiento es importante en la decisión de cuál cirugía escoger.

Se han desarrollado varios procedimientos para tratar la hipermotilidad uretral, todos con la misma meta —fortalecer el sistema de soporte de la uretra. La mayoría tienden a caer dentro de dos principales categorías —procedimientos de suspensión del cuello de la vejiga y los de cabestrillo.

Para la DEI, la meta del tratamiento es restablecer la función normal del esfínter uretral. Los procedimientos de cabestrillo por lo general son más efectivos que los de supresión en el tratamiento de la DEI. Otros tratamientos para la DEI incluyen esfínteres artificiales e inyección con agentes para dar volumen.

Procedimientos para suspensión del cuello de la vejiga

Los procedimientos para suspensión del cuello vesical han sido la cirugía de elección para mujeres con incontinencia por estrés. Estos procedimientos están diseñados para soportar el cuello de la vejiga y la uretra. El procedimiento más común realizado es la suspensión retropúbica. La suspensión con aguja, también conocida como suspensión transvaginal, era una alternativa pero ya casi no se usa.

Suspensión retropúbica. Para hacer un procedimiento de suspensión retropúbica, el cirujano hace una incisión de 7.5 a 12.5 cm en el abdomen inferior. A través de esta incisión, se colocan suturas en el tejido cercano al cuello vesical y se aseguran las suturas al ligamento cerca del hueso púbico (procedimiento de Burch) o en el cartílago del

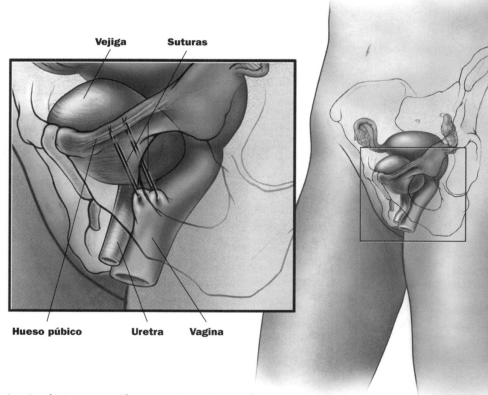

La cirugía de suspensión del cuello vesical está dirigida en agregar soporte al cuello vesical y la uretra, reduciendo el riesgo de incontinencia por estrés. El procedimiento que se muestra aquí es la suspensión retropúbica de Burch. Incluye colocar suturas en el tejido vaginal cerca del cuello de la vejiga (en donde la vejiga y la uretra se unen) y fijarlas a ligamentos cerca del hueso púbico.

hueso púbico en sí (procedimiento de Marshall-Marchetti-Krantz, o de MMK). Esto tiene el efecto de reforzar la uretra y el cuello de la vejiga, de manera que no se cuelguen.

La suspensión retropúbica por lo general se recomienda como el procedimiento que produce las posibilidades más duraderas de cura para la incontinencia por estrés. Aproximadamente 80% de las mujeres que se someten a este procedimiento se cura durante por lo menos cuatro años, y cerca de 90% presenta mejoría.

La desventaja es que incluye cirugía abdominal mayor. Se hace bajo anestesia general y por lo común toma cerca de una hora. La recuperación tarda cerca de seis semanas, y es probable que se necesite usar un catéter hasta que se pueda orinar de manera normal.

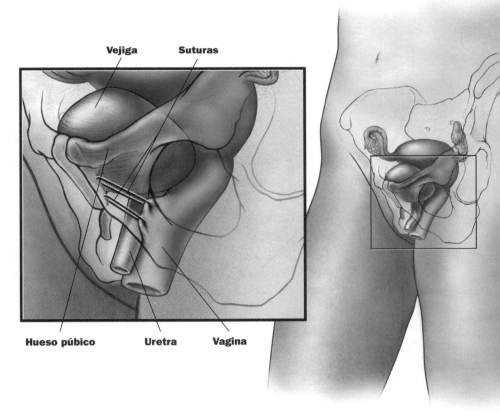

El procedimiento de suspensión vesical retropúbica de Marshall-Marchetti-Krantz (MMK) que se muestra aquí es similar al de Burch. En el procedimiento de MMK, se colocan suturas en el tejido vaginal cerca del cuello de la vejiga y a lo largo de la uretra y se aseguran después al cartílago del hueso púbico.

El procedimiento de Burch también se puede hacer al insertar instrumentos estrechos, como sondas a través de pequeñas incisiones en el abdomen (laparoscopia). Estudios a largo plazo no han confirmado los beneficios terapéuticos de este método, y como resultado, muchos cirujanos lo han dejado de usar.

Suspensión con aguja. La suspensión con aguja (transvaginal) tiene un riesgo mayor de fracaso y menor índice de curación a largo plazo —alrededor de 67%— que la suspensión retropúbica. La mayoría de los uroginecólogos y de los urólogos no recomienda los procedimientos de suspensión con aguja excepto en raras circunstancias. Para hacer este procedimiento, un cirujano usa incisiones en la vagina para aplicar suturas de soporte alrededor del cuello vesical y de la uretra. Después de que se colocan suturas a través de incisiones en la vagina, éstas se pasan a través de una pequeña incisión abdominal y se fijan a la pared abdominal o al hueso pélvico.

Procedimientos de cabestrillo

En lugar de usar suturas para reforzar el cuello vesical, los procedimientos con cabestrillo usan franjas de tejido o cinta sintética que crean un cabestrillo pélvico o hamaca alrededor del cuello vesical y la uretra. El cabestrillo brinda el soporte necesario para mantener la uretra cerrada incluso cuando la persona tose o estornuda.

El procedimiento se usa con más frecuencia en mujeres para tratar la incontinencia por estrés y parece ser tan efectivo como la suspensión retropúbica, con un índice de curación de alrededor de 80% y un índice de mejoría de cerca de 90 por ciento. Información reciente muestra que el cabestrillo es ineficaz para la incontinencia por estrés de los varones.

En un procedimiento de cabestrillo convencional, el cirujano inserta un cabestrillo a través de una incisión vaginal y lo lleva alrededor del cuello vesical. El cabestrillo se hace frecuentemente de cinta sintética, aunque en ocasiones se puede usar el propio tejido del paciente o tejido animal. Los extremos del cabestrillo se llevan a través de una pequeña incisión abdominal y se ajustan para lograr la cantidad correcta de tensión. Los extremos se fijan después al tejido pélvico (fascia) o a la pared abdominal con suturas.

Una tendencia más reciente es usar fricción de tejidos para sostener una cinta de malla sintética en su lugar. No se usan suturas para fijar el cabestrillo de malla.

En lugar de ello, el tejido por sí mismo sostiene el cabestrillo en su lugar y de manera eventual se forma tejido cicatricial dentro y alrededor de la cinta para evitar que se mueva.

Los procedimientos de cabestrillo son menos invasivos que los de suspensión retropúbica del cuello vesical, no tardan tanto, y se pueden hacer bajo anestesia local de manera ambulatoria. La ventaja de tener anestesia local es que el cirujano puede ajustar la tensión del cabestrillo mientras que el paciente está despierto para pedirle que tosa. Esto minimiza el riesgo de apretar de más, lo cual puede llevar a retención urinaria y cateterización prolongada después de la cirugía. Además, debido al tipo de instrumentos utilizados, el cabestrillo sin tensión permite menos corte al cuello de la vejiga.

Las dos variaciones del cabestrillo sin tensión son la técnica retropúbica y la técnica transobturadora.

Técnica retropúbica. Este procedimiento, también referido como de cabestrillo vaginal sin tensión, usa tres pequeñas incisiones: una vaginal y dos abdominales justo por arriba del hueso púbico. Con la ayuda de una aguja especial, el cirujano enhebra un extremo de la cinta a través de la incisión vaginal, por detrás del hueso púbico (espacio retropúbico) y arriba por una de las incisiones abdominales. Después, usando una segunda aguja, el cirujano pasa el otro extremo de la cinta en la misma manera por arriba de la segunda incisión abdominal, de manera que la cinta forme una malla de hamaca por debajo de la uretra. Este proceso por lo general tarda menos de 30 minutos.

Una vez que la cinta está en su lugar, el cirujano le pedirá al paciente que tosa. La vejiga empezará a llenarse con líquido durante la cirugía, de manera que el cirujano pueda ver si al toser todavía se presenta fuga. Después de ajustar la cinta a una tensión óptima, en la cual sólo se fuguen una o dos gotas de líquido, el cirujano corta los extremos de la cinta justo por debajo de la superficie de la piel y cierra las incisiones.

La desventaja de este procedimiento es que las agujas se pasan de manera ciega a través del espacio retropúbico y tal vez se podrían dañar vasos sanguíneos, nervios, la vejiga o los intestinos. Para asegurarse de que la vejiga no se ha perforado, se realiza una visión periódica de su interior por medio de un citoscopio, un instrumento semejante a una sonda con una pequeña cámara de video en la punta, que se pasa a través de la uretra hacia el interior de la vejiga.

Retropúbica

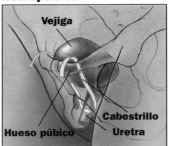

Transobturadora

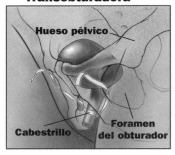

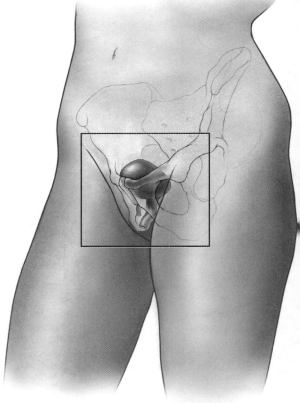

Un cabestrillo es una pieza de tejido o una cinta sintética que se coloca quirúrgicamente para soportar el cuello vesical y la uretra. Se muestran dos técnicas de cabestrillo —la retropúbica y la transobturadora. Ambas están diseñadas para reducir o eliminar la incontinencia por estrés en las mujeres.

Técnica transobturadora. La técnica transobturadora teóricamente lleva menos riesgo de lesión que la técnica retropúbica debido a que las agujas y la cinta se pasan por medio del foramen obturador, un par de aberturas en ambos lados del área pélvica, en lugar de pasarlo por detrás del hueso púbico (área retropúbica). Se piensa que el espacio obturador es anatómicamente más seguro que el área retropúbica debido a que no contiene ningún vaso sanguíneo principal y la exposición a la vejiga y otros órganos está limitada. Además, no siempre es necesaria la cistoscopia para este procedimiento.

Para realizar la técnica transobturadora, el cirujano hace pequeñas incisiones en ambos lados de las ingles y pasa una aguja curva a través del foramen obturador hacia una incisión vaginal en donde un extremo de la cinta se sujeta a la aguja. Llevando la cinta, el agua se jala hacia atrás a través del foramen obturador y se saca por la incisión de la ingle. El mismo proceso se repite en el otro lado. Una vez que la cinta está en su lugar bajo la uretra, se realiza una prueba de tos para asegurarse de que está en su posición correcta. El cirujano amarra entonces los extremos de la cinta y cierra las incisiones. La cinta se mantiene en su lugar por fricción entre ella y el tejido circundante.

El tiempo de recuperación de los cabestrillos sin tensión es corto —por lo general es de sólo una o dos semanas antes de que pueda regresar a sus actividades regulares. Debido a la sencillez de este procedimiento, se está convirtiendo en el procedimiento de elección para tratar la incontinencia por estrés en las mujeres.

Agentes para dar volumen

En comparación con otras opciones quirúrgicas, el uso de agentes para dar volumen es relativamente no invasivo y podría ser una opción si se prefiere no tener los riesgos de complicaciones de una cirugía mayor. El tratamiento con agentes para dar volumen incluye la inyección de un material que agrega volumen al tejido que rodea a la uretra cerca del esfínter uretral. Esto sirve para apretar el sello del esfínter y detener la fuga de orina. Los agentes para dar volumen pueden ser en particular útiles para mujeres con deficiencia esfinteriana intrínseca (DEI), una condición en la cual los músculos del esfínter uretral no sellan para que no salga la orina de la vejiga, o para los varones a los que se les ha extirpado la próstata. Evidencia más reciente sugiere que los agentes para dar volumen pueden también ayudar a aliviar la incontinencia por estrés debida a hipermotilidad uretral, una condición en la cual el cuello vesical y la uretra, de manera temporal, cambian bajo presión.

El procedimiento de aumento de volumen se hace con anestesia mínima y por lo general tarda cerca de cinco minutos. Para la mayoría de las mujeres se puede hacer en el consultorio médico; para los varones es más elaborado debido a la anatomía, y a menudo se hace en un marco hospitalario. La desventaja de la mayoría de los agentes para dar volumen es que pierden su efectividad con el tiempo y por lo general se requieren inyecciones repetidas cada seis a 18 meses.

Se han creado agentes nuevos y mejores, así como nuevas formas de facilitar el proceso de inyección y hacerlo más eficiente. El método estándar de inyectar el agente es por medio de una aguja, la cual se inserta varias veces en diferentes posiciones con la ayuda de un cistostopio, un instrumento alargado en forma de sonda que permite al

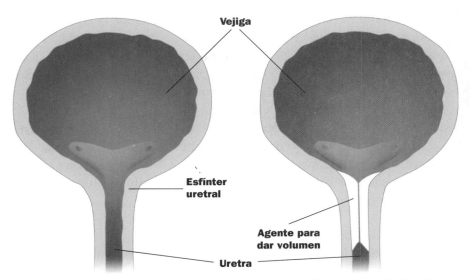

Se usan agentes para dar volumen para ayudar a apretar el área en donde fluye la orina desde la vejiga hacia la uretra. Los agentes para dar volumen se inyectan dentro del tejido cerca del esfínter uretral para ayudar a evitar la fuga de orina.

cirujano ver el área uretral. Este método requiere gran precisión para colocar la aguja en el punto correcto y evitar lesionar el tejido uretral. Uno de los métodos más recientes (no disponible hoy en Estados Unidos) usa posiciones predeterminadas de la aguja para aumentar la precisión de ésta y eliminar la necesidad de un cistoscopio.

Los siguientes son ejemplos de agentes para dar volumen que están en uso:

Colágeno. Es una proteína fibrosa natural que se encuentra en el tejido conectivo, hueso y cartílago de los humanos y animales; el obtenido de las vacas es uno de los agentes para dar volumen que se utiliza con más frecuencia. El colágeno puede producir una reacción alérgica en algunas personas. Por esta razón, es necesario que el médico haga una prueba cutánea antes de realizar el procedimiento para ver si se presenta una reacción.

Los índices de mejoría a corto plazo después de las inyecciones de colágeno varían de 60 a 85 por ciento. Pero con el tiempo el colágeno tiende a deteriorarse en el cuerpo. Después de tres años, el número de personas cuyos síntomas permanecen controlados disminuye a 45 por ciento. A menudo, se requieren múltiples inyecciones repetidas.

Cuentas de zirconio cubierto de carbón. Están entre los agentes sintéticos para dar volumen recién aprobados por la *Food and Drug Administration* (FDA). Éstos tienen una ventaja sobre algunos de los otros agentes sintéticos porque sus partículas son lo suficientemente grandes para que no emigren. No son alergénicos, lo cual significa que no tienen el riesgo de causar una reacción alérgica. Un estudio que comparó este material con el colágeno encontró que son igual de efectivos. Los científicos esperan que este material dure mucho más en el cuerpo que el colágeno y que requiera menos inyecciones repetidas.

Copolímero de alcohol vinil etileno. También fue aprobado hace poco por la FDA para uso en el tratamiento de la incontinencia por estrés. Éste se inyecta en forma líquida en la pared de la uretra cerca de la vejiga. Una vez en el cuerpo, el material absorbe agua de los tejidos circundantes y se solidifica en un material esponjoso, el cual agrega volumen a la uretra para ayudar a evitar la diuresis no controlada. El implante no emigra, no se absorbe en el cuerpo, y crece tejido dentro del material, lo cual ayuda a que se estabilice. Al igual que con el colágeno y con el zirconio cubierto de carbón, este material se inyecta con guía cistoscópica. Cerca de 75% de los que reciben copolímero de alcohol vinil etileno requerirá inyecciones repetidas.

Grasa. La grasa abdominal, obtenida por medio de liposucción, también se ha usado como agente para dar volumen. Sus ventajas son que está disponible muy rápido y es compatible con el cuerpo, por ello no es probable que cause una reacción alérgica. Sin embargo, un efecto secundario potencial raro es el embolismo pulmonar, en el cual una partícula de grasa se escapa y crea una obstrucción en una arteria pulmonar. Esta condición puede llevar a problemas respiratorios importantes e incluso a la muerte. Cuando se comparó con el colágeno, la grasa parece tener un índice de curación mucho menor. Como resultado, la grasa rara vez se usa como agente para dar volumen.

Nota: los siguientes agentes no están aprobados para su uso en Estados Unidos.

Dextranómero y copolímero de ácido hialurónico. Hechos en Suiza, ya se han establecido como tratamiento para el reflujo vesicoureteral, una condición en la cual la orina en la vejiga se regresa a los ureteros. (Los ureteros son un par de conductos que llevan la orina del riñón a la vejiga.) Este material no se está evaluando en Estados Unidos como tratamiento para la incontinencia por estrés. Sus ventajas son que no migra a otros órganos y no es alergénico. El crecimiento del tejido del propio paciente dentro del material lo estabiliza de manera que no se va a deteriorar con el tiempo. Se está realizando un estudio multicéntrico grande que investiga su efectividad.

Silicona. Es un agente no biodegradable que consta de pequeñas partículas de plástico en un tipo de gel; algunas de ellas son tan pequeñas que existe la posibilidad de que puedan migrar a otros órganos después de la inyección. Además, debido a que la silicona no es biodegradable, existe el riesgo de formación de granulomas (pequeñas masas o nódulos de tejido inflamado que puede migrar a otras partes del cuerpo). El índice de éxito que se ha informado con la silicona después de 12 meses es de aproximadamente 50 a 60 por ciento. Los fabricantes de silicona han desarrollado un procedimiento de inyección que no requiere guía cistoscópica.

Esfínter artificial

Es un pequeño dispositivo particularmente útil para varones en los que se ha debilitado el esfínter uretral por el tratamiento del cáncer de próstata o una glándula de próstata crecida. Pocas veces se usa para las mujeres con incontinencia por estrés, a menos que tengan incontinencia grave debida a DEI, y otros tratamientos, incluyendo otros tipos de cirugía, no hayan funcionado. En tales casos, el implante de un esfínter artificial podría ser una opción.

La cirugía para colocar el dispositivo requiere anestesia general o espinal. El dispositivo en forma de dona se implanta alrededor del cuello de la vejiga. Su anillo lleno de líquido mantiene al esfínter uretral cerrado hasta que el paciente está listo para orinar. Para ello, se presiona una válvula implantada por debajo de la piel que hace que el anillo se desinfle y permite que la orina salga de la vejiga. Una vez que la vejiga está vacía, el dispositivo se desinfla durante los siguientes minutos.

La válvula no se activa hasta un tiempo después de la cirugía, de manera que el área tenga tiempo para curarse. Para las primeras cuatro a seis semanas después de la cirugía, se necesitará seguir unas cuantas restricciones estándar, como no manejar, no tener actividad sexual, no hacer actividades extenuantes y no permanecer sentado por mucho tiempo. Además, habrá algunas restricciones permanentes como no andar en bicicleta, motocicletas u otros vehículos con un asiento similar y no montar caballo.

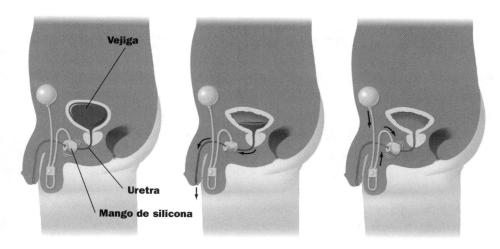

Un esfínter artificial usa un pequeño mango de silicona colocado alrededor de la uretra para tratar la incontinencia. Cuando se infla, el mango aprieta la uretra, lo cual evita que la orina se fugue. Para orinar se desinfla el mango, lo cual permite que pase la orina.

Esta cirugía puede curar o mejorar mucho la incontinencia en más de 70 a 80% de los varones con incontinencia y en más de 90% de las mujeres. Una desventaja potencial es que el dispositivo podría funcionar mal, lo cual significa repetir la cirugía.

Cirugía para la vejiga hiperactiva

Ésta por lo general se considera el último recurso. La mayoría de las personas con problemas de frecuencia y urgencia y con incontinencia de urgencia se tratan con terapias conservadoras como entrenamiento del piso pélvico, entrenamiento vesical, estimulación eléctrica y medicamentos (véanse los capítulos 4 y 5). Pero para los varones y mujeres cuyos signos y síntomas son graves y que no responden a estos tipos de terapias, la cirugía puede ser una opción.

Hidrodistensión
Es una técnica que algunas veces se usa para tratar la vejiga hiperactiva; también se utiliza para diagnosticar y tratar de manera temporal la inflamación de la pared vesical (cistitis intersticial). Los efectos de tratar la vejiga hiperactiva con hidrodistensión son temporales y el éxito varía.

La hidrodistensión se realiza al llenar la vejiga con líquido hasta que se estire más allá de su capacidad normal y dejando que siga distendida por varios minutos. Estirar la vejiga de esta forma puede ser doloroso, por ello el procedimiento se realiza bajo anestesia general o local, por lo común en un hospital. La mayoría del tiempo el paciente se podrá ir a casa el mismo día.

Los médicos no están seguros por completo de cómo funcional la hidrodistensión, pero la teoría es que estirar la pared de la vejiga sirve para calmar a las fibras nerviosas muy sensibles, reduciendo de esta manera el flujo de información sensorial entre la vejiga y el cerebro y disminuyendo las contracciones involuntarias características de la vejiga hiperactiva. Las personas a las que se les ha realizado informan una mejoría de sus síntomas que dura alrededor de tres meses.

Después del procedimiento, se podría presentar cierto dolor en el área pélvica, en especial cuando se orina las primeras veces. La orina puede contener un poco de sangre, pero esto es normal después del procedimiento. La molestia podría continuar por varias semanas, pero el médico podría prescribir un analgésico para calmar cualquier dolor o ardor.

Las complicaciones potenciales de la hidrodistensión incluyen sangrado, retención urinaria y perforación vesical, aunque éstas son poco comunes. Otra complicación potencial es la fibrosis intersticial, la cual produce rigidez de la pared vesical.

Estimulación del nervio sacro

La capacidad para orinar está gobernada por un grupo completo de impulsos voluntarios e involuntarios entre el cerebro y un nervio en la base de la médula espinal —el nervio sacro— que se conecta a la vejiga. Si esta comunicación se interrumpe o se desequilibra, puede llevar a vejiga hiperactiva que envía demasiados impulsos al cerebro con el mensaje de que necesita orinar. Esto produce un fuerte deseo característico de la vejiga hiperactiva.

La estimulación del nervio sacro busca inhibir estos mensajes al enviar de manera continua pequeños impulsos eléctricos al nervio sacro en la parte inferior de la columna que controla la diuresis. Para lograr esto, el cirujano coloca un alambre delgado con una punta de electrodo cerca del nervio sacro.

El alambre pasa bajo la piel un dispositivo pequeño semejante a un marcapasos que se coloca en una "bolsa" de grasa debajo de la

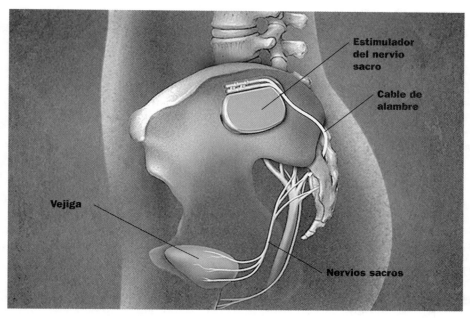

El estimulador del nervio sacro es un dispositivo electrónico que se usa para estimular a los nervios que regulan la actividad vesical. La unidad se coloca debajo de la piel de los glúteos, cerca de donde está la bolsa trasera en un pantalón. Aquí se muestra fuera de su lugar para una mejor visión de la unidad.

piel del glúteo justo debajo de la línea del cinturón. El dispositivo contiene una batería especial y partes electrónicas que controlan los impulsos al nervio sacro.

Debido a que el dispositivo no funciona para todos, el médico puede dejar que el paciente lo pruebe primero usándolo de manera externa. Si el estimulador mejora de manera importante los síntomas, entonces se puede implantar en el glúteo. La cirugía para implantar el estimulador se hace en un quirófano bajo anestesia local y por lo general con recuperación ambulatoria.

Una vez que el estimulador está implantado, funciona durante cinco a 10 años y se puede reemplazar durante un procedimiento ambulatorio. El médico puede ajustar el nivel de estimulación con un programador manual.

La estimulación no causa dolor y puede mejorar o curar de 50 a 75% de las personas con incontinencia de urgencia difícil de tratar o con retención urinaria que produce incontinencia por rebosamiento. Es también una alternativa para la cirugía para desviar la orina o construir una nueva vejiga, lo cual sólo ayuda de 30 a 40% de las veces.

Las posibles complicaciones incluyen infección. El dispositivo se puede retirar en cualquier momento.

Si está embarazada y usa un estimulador, el médico podría aconsejar que lo apague porque se desconocen los efectos para el feto, aunque no se han reportado problemas. Debido a que el estimulador es un dispositivo metálico, no se recomienda la resonancia magnética (RM) debido a la posibilidad de calentar la punta del electrodo, lo cual podría dañar al nervio. Existe también 25% de probabilidad de arruinar la batería.

Aumento de la vejiga

Es un procedimiento antiguo utilizado para aumentar el tamaño de la vejiga. La cirugía es compleja e incluye cirugía abdominal mayor. Durante mucho tiempo era el único procedimiento disponible para personas con síntomas debilitantes de frecuencia, urgencia e incontinencia. En la actualidad, lo más probable es que el médico recomiende probar la estimulación del nervio sacro antes que el aumento de vejiga.

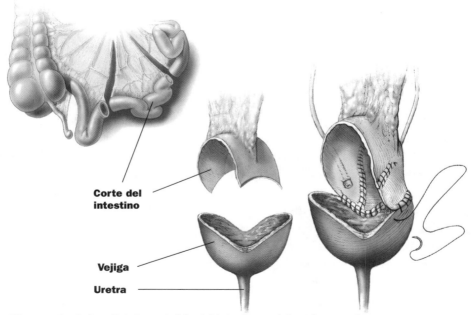

Corte del intestino

Vejiga

Uretra

El aumento de la vejiga toma tejido del intestino o del estómago y lo usa para agrandar el tamaño de la vejiga, aumentando así su capacidad de almacenamiento.

Para realizar un aumento de vejiga, el cirujano hace una incisión en el abdomen y una abertura en la parte superior de la vejiga. Se toma entonces una franja de tejido del paciente, por lo general del intestino o del estómago, y se fija en la abertura de la vejiga. Este parche de tejido agregado aumenta el tamaño de la vejiga. La cirugía se hace bajo anestesia general y puede tardar varias horas.

La recuperación por lo general incluye una estancia en el hospital hasta que pueda empezar a comer y beber de nuevo. y tarda varias semanas después de que se da de alta del hospital para regresar a sus actividades normales. Muchas personas, en especial aquellas con daño neurológico subyacente, requieren uso de un catéter para toda la vida después del procedimiento.

El aumento de vejiga no siempre cura la incontinencia y puede tener complicaciones como infección y diarrea crónica. Dos complicaciones potenciales raras pero importantes son la perforación espontánea de la vejiga y el desarrollo de cáncer vesical.

División urinaria

Bajo raras circunstancias, como cuando la vejiga hiperactiva no responde por completo al tratamiento o la función vesical se ha perdido, la orina se puede almacenar y drenar por otros medios diferentes a la vejiga y la uretra. Esto se llama división urinaria.

El cirujano crea un reservorio separado en el abdomen inferior usando un segmento del intestino delgado o del colon. Entonces redirige los ureteros al reservorio de manera que la orina fluya hacia él en lugar de a la vejiga. Se hace una pequeña abertura en el abdomen de tal forma que la orina se pueda drenar hacia una bolsa o a través de un catéter.

Denervación de la vejiga

También se ha realizado un procedimiento llamado denervación vesical; en él algunos o todos los nervios de la vejiga se cortan. Esto desensibiliza a la vejiga en un esfuerzo por controlar el dolor y los síntomas intensos, crónicos. Cuando se cortan todos los nervios, el reflejo vesical se destruye y los esfínteres uretral y anal dejan de funcionar, lo cual produce una pérdida completa del control intestinal y urinario. Pocos tipos de procedimientos de denervación intentan conservar algunos de los nervios en la vejiga mientras que ayudan a aliviar el dolor. Los procedimientos de denervación rara vez han ayudado a las personas y se realizan pocas veces.

Un paso a la vez

Existe una amplia variedad de procedimientos quirúrgicos disponibles para el tratamiento de la incontinencia urinaria. Éstos varían desde la mínima invasión con inyección de agentes para aumentar volumen hasta la cirugía mayor. Es importante recordar que si un método de tratamiento en particular no funciona, podría haber otra solución para el problema. También es importante tener en mente que encontrar un remedio efectivo puede tomar tiempo, con varios pasos en el camino.

Capítulo 7

Aspectos específicos para diferentes grupos

Aunque la incontinencia urinaria puede afectar a cualquiera —varones y mujeres, jóvenes y ancianos— no es igual para todos. Los varones y las mujeres la presentan de manera diferente, así como los niños y los adultos mayores. Las diferencias anatómicas básicas y hormonales representan gran parte de la diferencia entre los varones y las mujeres. En ellas, la incontinencia urinaria es resultado común de músculos del piso pélvico débiles, lo cual puede originarse de varios eventos de la vida y cambios como partos y menopausia. En los varones la debilidad de los músculos del piso pélvico por lo general no es un problema, pero los trastornos asociados con la próstata a menudo contribuyen con la incontinencia urinaria.

En los niños, el problema por lo general es transitorio y mejora con el tiempo. En los adultos mayores la incontinencia urinaria puede estar asociada con cambios debidos al envejecimiento, la manera en la cual funcionan los riñones y la vejiga, y varios otros factores de riesgo, así como enfermedades que se hacen más comunes en etapas más avanzadas de la vida, como la de Parkinson y la de Alzheimer.

Como resultado, el tratamiento puede variar poco o mucho para los diferentes grupos de personas, dependiendo de la naturaleza del problema subyacente que está causando la incontinencia. En este capítulo tendremos una visión más detallada de la incontinencia urinaria desde cada una de estas perspectivas y cómo puede diferir su manejo y tratamiento, dependiendo de qué grupo se trate.

Mujeres

La incontinencia urinaria es mucho más común en mujeres —en el grupo menor de 65 años, casi siete veces más mujeres que varones la presentan. Las mujeres pueden presentar todos los tipos de incontinencia urinaria, pero la de estrés es la más común.

Gran parte de la incontinencia urinaria femenina se debe a desgaste y desgarro del sistema reproductor femenino como resultado del embarazo, parto, y cambios hormonales asociados con la menopausia. Los cambios físicos resultantes de estos eventos de la vida pueden llevar a incontinencia al debilitar los músculos del piso pélvico y los tejidos que soportan el área urogenital. La incontinencia también se puede asociar con prolapso de órganos pélvicos, una condición en la cual uno de los órganos pélvicos, como la vejiga, se sale a través de la vagina. Otras causas menos comunes de incontinencia femenina incluyen cirugía pélvica y una conexión anormal entre la vagina y la uretra (fístula urogenital uretrovaginal).

Embarazo y parto

Cuando se presenta el embarazo, en particular durante el tercer trimestre, el aumento de peso en el útero aplica presión adicional a la vejiga y puede dar como resultado incontinencia por estrés, la cual por lo general es temporal y desaparece después del parto.

En contraste, el estrés del trabajo de parto y el parto en sí pueden tener un efecto más duradero. Los nacimientos múltiples, trabajo de parto prolongado y difícil, partos asistidos con fórceps y traumatismo perineal, así como los desgarros o episiotomías pueden estirar los músculos del piso pélvico y el anillo de músculos que rodea a la uretra (esfínter urinario). Los músculos del piso pélvico debilitados no siempre son capaces de mantener el cuello de la vejiga cerrado y esto puede llevar a fuga de orina cuando se aplica aumento súbito de la presión en la vejiga. El estrés del parto también puede dañar los nervios que dirigen a la vejiga, y esto, a su vez, afectar el control vesical. La incontinencia podría desarrollarse poco después del parto o hasta muchos años después.

En la mayoría de las mujeres por lo general tarda cerca de tres meses después del parto el que los músculos del piso pélvico recuperen su firmeza y elasticidad naturales y se mejore la incontinencia. Si después de seis meses todavía se presenta fuga, se debe consultar al médico para diagnosticar y decidir un plan de tratamiento; sin él, se puede convertir en un problema de largo plazo. El tratamiento por lo general incluye entrenamiento de los músculos del piso pélvico (de Kegel) con o sin retroalimentación, y tal vez estimulación eléctrica (véase el Capítulo 4). También están disponibles medicamentos para tratar el problema (véase el Capítulo 5). Si la incontinencia es grave, el médico y el paciente podrían considerar alternativas quirúrgicas (véase el Capítulo 6). Sin embargo, si la paciente está considerando tener más hijos se podría posponer la cirugía hasta después, debido a que la gestación y el parto pueden causar incontinencia recurrente después de una operación exitosa.

La paciente puede ayudar a prevenir o mejorar la incontinencia asociada con el embarazo y el parto haciendo ejercicios de Kegel (véase "Ejercicios del piso pélvico" en la página 191 para aprender cómo se hacen). Los músculos del piso pélvico son iguales a otros músculos en el cuerpo y se pueden tonificar y afirmar con el ejercicio. Hacer ejercicios de Kegel de manera regular en todo el embarazo y después del parto puede fortalecer los músculos del piso pélvico y mejorar su efectividad para mantener el cuello vesical cerrado.

Prolapso de órganos pélvicos

Una condición llamada prolapso de órganos pélvicos puede estar asociada con la incontinencia por estrés y la vejiga hiperactiva; se presenta cuando órganos localizados en el área pélvica —la vejiga, el útero, el intestino delgado o el recto— caen o se deslizan fuera de su lugar (prolapsan) y descienden hacia la vagina. A menudo esto no produce síntomas (es asintomático), pero en algunos casos puede producir una sensación de presión pélvica o pesadez o la sensación de que algo se está saliendo de la vagina. Incluso se puede sentir como si estuviera sentado en una pequeña pelota. Puede dar como resultado fuga de orina, así como síntomas de frecuencia y urgencia, o podría tener dificultad para evacuar. También se puede desarrollar molestia con la actividad sexual.

El prolapso de órganos pélvicos se presenta debido a falta de soporte de los músculos del piso pélvico. Esto puede ser resultado de partos, como se mencionó antes, o deficiencia de estrógeno asociada con la menopausia. Otras causas incluyen defectos congénitos —problemas con los que se nace, como una vagina corta— y cirugía pélvica, como histerectomía o incluso un procedimiento de suspensión de la vejiga que se hizo para tratar la incontinencia. El estreñimiento crónico, levantar cosas pesadas y tos crónica también pueden contribuir con el prolapso de órganos pélvicos.

Si éste existe pero no se presenta ningún síntoma, el tratamiento puede no ser necesario. De hecho, el tratamiento del prolapso asintomático puede producir problemas urinarios, intestinales, o sexuales. Pero si la condición es molesta, el médico puede recomendar tratamiento conservador al principio, como ejercicios del piso pélvico, crema de estrógeno vaginal, el uso de un pesario (para más información acerca de pesarios, véase la página 74) para brindar soporte pélvico adicional, y evitar levantar objetos pesados y estiramientos. Estos tratamientos también se pueden usar para dirigirse a la incontinencia asociada.

En casos de prolapso grave, la cirugía para restablecer la posición normal del órgano prolapsado puede ser una opción. Si también hay incontinencia, se puede realizar cirugía para tratar ambas condiciones. (Véase el Capítulo 6 para detalles acerca de los procedimientos quirúrgicos para tratar la incontinencia.)

Menopausia

La hormona estrógeno juega un papel clave en la regulación de varias funciones corporales importantes en mujeres. Entre ellas, el estrógeno ayuda a mantener los tejidos que recubren la vagina y la uretra sanas y lisas. Después de la menopausia el cuerpo de la mujer produce menos estrógeno. Conforme declinan los niveles de estrógeno, los tejidos de la vagina y de la uretra tienden a secarse, adelgazarse y hacerse menos elásticos. Esto afecta su capacidad para cerrarse, lo que significa que una parte del mecanismo protector que mantiene a una mujer seca puede debilitarse. Además, los cambios relacionados con la edad que no tienen asociación con los cambios hormonales pueden producir disminución de la capacidad de almacenamiento de la vejiga.

Algunas mujeres experimentan una declinación en la producción de estrógeno más rápido que otras. Cuando se combina con debilidad de los músculos pélvicos y daño al peritoneo por partos o tal vez por cirugía pélvica previa, los tejidos vaginal y uretral deficientes de estrógeno pueden contribuir con la incontinencia urinaria. Sin embargo, algunos estudios han encontrado que la menopausia por sí sola no representa un riesgo fuerte de incontinencia urinaria.

Si se presenta incontinencia urinaria y parece estar asociada con cambios hormonales debidos a la menopausia, el médico podría recomendar terapia estrogénica en forma de crema vaginal, tabletas o anillo estrogénico. Aunque no hay evidencia clara de que esta terapia mejore la incontinencia, puede ayudar a tonificar y revitalizar los tejidos vaginales y uretrales, lo cual puede ayudar a prevenir la fuga de orina. (Véase el Capítulo 5 para más información acerca de la terapia estrogénica.)

Cirugía pélvica

En las mujeres, la vejiga y el útero están cerca entre sí y soportados por los mismos músculos y ligamentos del piso pélvico. Cualquier cirugía que incluya al sistema reproductor, como la extirpación del útero (histerectomía), corre el riesgo de dañar los músculos o nervios del tracto urinario, lo cual puede producir incontinencia.

La histerectomía es uno de los procedimientos quirúrgicos más comunes realizados en las mujeres, superado sólo por la cesárea. La histerectomía puede se un tratamiento efectivo para múltiples condiciones, incluyendo cáncer ginecológico, tumores uterinos benignos (fibroides), endometriosis, prolapso uterino y sangrado vaginal crónico.

Aunque el riesgo de daño a órganos y tejidos durante una histerectomía es posible, estudios de la relación entre la histerectomía y la incontinencia urinaria no han sido concluyentes. Si está considerando una histerectomía, el médico puede ayudarla a valorar los riesgos y beneficios en su caso.

¿Es inevitable la incontinencia urinaria?

No. No todas las mujeres que tienen hijos desarrollan incontinencia, y de hecho, algunas que nunca los han tenido presentan problemas de incontinencia. Y en algunas mujeres, las hormonas no fluctúan tanto como en otras durante la menopausia.

Conforme las mujeres están más enteradas acerca de la incontinencia, pueden tomar medidas preventivas antes para ejercitarse y fortalecer los músculos que soportan sus sistemas reproductivo y urinario (músculos del piso pélvico). Esto ayudará a reducir el estrés físico producido por diferentes etapas de la vida y mantendrá a estos músculos saludables y funcionales.

Fístula urogenital

En raras ocasiones, una abertura anormal (fístula) entre una parte del tracto urinario —como la vejiga, la uretra o el uretero— y la vagina puede producir fuga urinaria continua. En países desarrollados, las fístulas urogenitales por lo general se presentan después de la cirugía pélvica como la histerectomía o la cirugía de vejiga. La fístula puede ser originada por lesión durante la cirugía, lo cual por lo general da como resultado fuga inmediata, o complicaciones tardías como tejido cicatricial u obstrucción parcial. En algunos casos la radioterapia puede causar una fístula. En países desarrollados, las fístulas urogenitales son causadas con más frecuencia por trabajo de parto y partos complicados.

Si se presenta una lesión y se nota mientras se está llevando a cabo la cirugía, el médico puede repararla de inmediato; si se desarrolla fuga continua de orina después, y el médico determina que es por una fístula, se puede hacer una cirugía adicional para reparar la abertura.

Cistitis intersticial

La cistitis intersticial (CI) es una inflamación crónica de la vejiga. Se presenta sobre todo en mujeres, y sus signos y síntomas son semejantes a los de una infección del tracto urinario. Sin embargo, los cultivos de orina de personas con CI por lo general prueban estar libres de bacterias. Los signos y síntomas incluyen una necesidad frecuente —algunas veces urgente— de orinar y dolor pélvico crónico que puede variar de una leve sensación de ardor a dolor intenso.

No existe un tratamiento simple para eliminar los signos y síntomas de CI, y no funciona un solo tratamiento para todos. Podría necesitarse intentar varios tratamientos o combinaciones de éstos antes de encontrar el método que alivie los signos y síntomas. Los tratamientos incluyen medicamentos, estimulación nerviosa, distensión vesical y cirugía.

Varones

En los varones la urgencia urinaria, frecuencia e incontinencia pueden estar relacionadas con problemas de la glándula prostática. La glándula prostática es parte del sistema reproductor masculino. Aproximadamente del tamaño y forma de una nuez, está localizada por detrás del hueso púbico y enfrente del recto. La principal función de la próstata es producir la mayor parte del líquido del semen, el líquido que transporta a los espermatozoides. Debido a su localización, es también importante para la salud urinaria. La próstata rodea el cuello de la vejiga como una dona. Cuando la próstata está sana, no representa ningún problema. Pero si se desarrolla enfermedad en la próstata, el tejido de esta glándula se puede hinchar y crecer, apretando a la uretra y afectando la capacidad de orinar. Además, se puede desarrollar incontinencia como complicación de la cirugía para tratar algunos de estos problemas.

Los problemas de próstata no son la razón detrás de todos los problemas urinarios masculinos, incluyendo la incontinencia. Por ejemplo, los varones pueden desarrollar incontinencia asociada con estrechamiento uretral (estenosis uretral). Y, al igual que las mujeres, pueden desarrollar incontinencia debido a daño de los nervios, cambios relacionados con la edad o razones desconocidas. Debido a que el tratamiento puede variar por los diferentes problemas subyacentes, es importante recibir un examen minucioso y valoración de la condición por parte del médico, de manera que se pueda lograr una terapia adecuada.

Enfermedad prostática

Tres tipos de enfermedad pueden afectar a la glándula prostática: inflamación (prostatitis), crecimiento no canceroso (hiperplasia prostática benigna, o HPB), y cáncer. De estas tres, la HPB es la causa más común de los problemas urinarios, incluyendo la incontinencia. Pero los tres comparten signos y síntomas de vejiga hiperactiva e incontinencia por rebosamiento, incluyendo:

- Dificultad para empezar el chorro de orina
- Un chorro de orina débil
- Orinar con más frecuencia, en especial en la noche
- Una urgente necesidad de orinar
- Dolor o ardor mientras se orina
- Sensación de que la vejiga no está vacía, incluso después de que se ha terminado de orinar
- Goteo después de orinar

Es importante notar que el cáncer de próstata produce pocos (si es que alguno) signos y síntomas en sus etapas iniciales, por lo cual es importante tener revisiones prostáticas regulares para detectar la enfermedad de manera temprana.

Prostatitis. La inflamación de la próstata puede originarse por una infección bacteriana o por otro factor que esté irritando la glándula. Si las bacterias son la causa, los antibióticos para tratar la infección por lo general resolverán la frecuencia y la urgencia de orinar asociadas.

La prostatitis no bacteriana es mucho más común que la prostatitis bacteriana, pero más difícil de diagnosticar y tratar debido a que su causa se desconoce. Como resultado, el tratamiento está enfocado a menudo en el alivio de los síntomas. El médico podría recomendar el uso de alfa bloqueadores (véase el Capítulo 5) para relajar los músculos del cuello de la vejiga y la uretra y mejorar el flujo de orina. Los analgésicos, como acetaminofén, aspirina u otros antiinflamatorios no esteroideos (AINE) pueden calmar el dolor y la molestia. Otras formas posibles de tratamiento incluyen terapia física, la cual incluye ejercicios para estirar y relajar los músculos inferiores del piso pélvico, y retroalimentación (véase el Capítulo 4). También puede ayudar empaparse en agua tibia (baño de asiento).

Si es una forma bacteriana de la enfermedad y los antibióticos no alivian los síntomas, o la fertilidad está afectada de manera importante, se puede usar tratamiento quirúrgico para abrir los conductos bloqueados por la inflamación, aunque esto es raro. No se recomienda cirugía para la prostatitis crónica no bacteriana.

Hiperplasia prostática benigna. Al nacimiento la glándula prostática es del tamaño de un chícharo. Crece de manera lenta durante la infancia y después se somete a un rápido crecimiento durante la pubertad. Hacia la edad de 25 años la próstata está desarrollada por completo. Sin embargo, la mayoría de los varones presenta un segundo periodo de crecimiento a mediados la quinta década de la vida (a los 45 años). Con frecuencia a esta edad, las células en la porción central de la glándula —en donde la próstata rodea a la uretra— se empiezan a expandir más rápido de lo normal. Más de la mitad de los varones a los 60 años y más de 90% de los que tienen de 70 a 80 años tienen algunos síntomas de hiperplasia prostática benigna (HPB).

Conforme crecen los tejidos en el área, a menudo presionan la uretra y obstruyen el flujo de orina. Además, la vejiga necesita trabajar más y su pared se adelgaza y se hace más irritable. Esto puede llevar a más contracciones vesicales, incluso cuando la vejiga contiene sólo pequeñas cantidades de orina, y aumenta la frecuencia de la diuresis.

No está claro por qué la glándula prostática crece a una edad más avanzada. Los investigadores creen que con la edad la próstata se vuelve más sensible al crecimiento celular causado por las hormonas masculinas como la testosterona. Por fortuna, la condición varía en intensidad y no siempre representa un problema. Sólo aproximadamente la mitad de los varones con HPB presentan signos y síntomas que son tan notables o molestos para ameritar tratamiento médico. Se presenta una

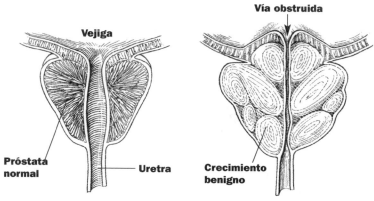

Vía obstruida

Vejiga

Próstata normal

Uretra

Crecimiento benigno

En los varones, la uretra, el tubo que drena la vejiga, está rodeada por la glándula prostática. La hiperplasia prostática benigna (HPB) se presenta cuando los tejidos en la porción central de la próstata crecen y presionan la uretra, afectando el flujo normal de orina.

importante amenaza a la salud cuando la condición evita que se vacíe la vejiga de manera normal. Una vejiga que siempre está llena puede producir infección vesical recurrente y algunas veces daño renal.

Tratamiento. El tratamiento para la HPB depende de la gravedad de los signos y síntomas. Si la próstata está crecida pero no existe evidencia de cáncer y se presentan pocas o ninguna molestia, por lo general no es necesario el tratamiento. Si existen problemas importantes, hay disponible una amplia variedad de tratamientos. En general, los tratamientos enfocados en aliviar los signos y síntomas de la HPB también se enfocarán en aquéllos asociados con los problemas urinarios, incluyendo la incontinencia.

Los medicamentos son la primera línea de tratamiento y el método más común para controlar los síntomas moderados de una próstata grande. Éstos pueden incluir alfa bloqueadores —como terazosina, doxazosina y tamsulosina— para relajar los músculos y mejorar el flujo de orina (véase el Capítulo 5) o finasterida. Este fármaco funciona al reducir de tamaño la glándula prostática y es en especial útil para varones con próstata crecida. No es tan efectivo en los varones con próstata un poco crecida o de tamaño normal o para aquéllos con vejigas que no se vacían por completo.

El médico podría recomendar tomar doxazosina y finasterida juntas. Los investigadores encontraron que esta combinación redujo de manera importante el riesgo de mayor crecimiento de la glándula prostática hasta el punto que no fuera necesaria la cirugía invasiva. Esta terapia también parece disminuir los problemas para orinar asociados con la HPB.

Los medicamentos no son eficaces para tratar algunos tipos de crecimiento prostático; el urólogo puede aconsejar cuál es el mejor en cada caso.

Otro tratamiento no quirúrgico para la HPB incluye el uso de stents prostáticos. Un stent prostático es un pequeño resorte de metal que se inserta dentro de la uretra para ampliarla y mantenerla abierta. Los stents no son para todos, debido a que pueden causar irritación al orinar o producir infecciones frecuentes del tracto urinario. También pueden ser caros y difíciles de retirar, lo cual los hace una alternativa menos popular.

Varios tratamientos quirúrgicos —muchos de los cuales son de mínima invasión— están disponibles para el tratamiento de la HPB. Éstos se usan sobre todo para tratar los signos y síntomas graves, o si existen complicaciones como infecciones frecuentes del tracto urinario, daño renal, sangrado por la uretra o cálculos vesicales. Estos procedimientos son muy eficaces para aliviar los síntomas de la HPB. La técnica quirúrgica más común se llama resección transuretral de la próstata (RTUP), en donde el cirujano introduce un instrumento delgado (resectoscopio) en la uretra y usa pequeños instrumentos de corte para extirpar el exceso de tejido prostático (véase la imagen de la página 28).

Una variación de este procedimiento, la incisión transuretral de la próstata (ITUP), puede ser útil si la próstata se ha sometido a cambios que han llevado a estrechamiento del cuello vesical. En lugar de extirpar el tejido prostático, el cirujano hace uno o dos cortes en la próstata para ayudar a aumentar de tamaño la abertura del cuello vesical.

Las terapias con calor —también llamadas térmicas— son tratamientos menos invasivos que la RTUP y la ITUP; usan varios tipos de energía (incluyendo microondas, radiofrecuencia y láser) para crear calor que destruya el exceso de tejido prostático.

Los láseres de alta energía más recientes también se están usando para destruir el exceso de tejido prostático, ya sea cortándolo o vaporizándolo. La meta es combinar las ventajas de la terapia láser —seguridad y mínimo sangrado— con la mejoría inmediata en el flujo urinario que por lo general se presenta con la cirugía más invasiva.

Cáncer de próstata. Un tumor canceroso en la próstata puede presionar o bloquear la uretra y causar problemas para orinar, como incontinencia por rebosamiento y retención urinaria. Pero en sus eta-

pas iniciales por lo general no causa
esto, la mayoría de los médicos rec
a hacerse detección de cáncer de p
en alto riesgo. Si la persona es de
liar de la enfermedad —factore
próstata— sería deseable emp
   La incontinencia urinaria
miento para el cáncer de prósta

Tratamiento. El cáncer de próstata
con dos métodos: cirugía o radioterapia. La
de la próstata (prostatectomía radical) se usa para
próstata que no se ha diseminado fuera de la glándula. L
operación —realizada a través de una incisión en el abdomen–
cirujano extirpa toda la próstata y los tejidos circundantes y los ganglios linfáticos.

La radioterapia también puede ser una forma eficaz de tratar el
cáncer de próstata. La radiación se puede administrar proveniente de
una máquina fuera del cuerpo (radiación de rayo externo) o por
medio de unas pequeñas esferas radiactivas (semillas) implantadas
en la próstata (braquiterapia). Algunas veces se usan ambos métodos.

Una de las complicaciones potenciales del tratamiento de cáncer
de próstata es la incontinencia urinaria. Los nervios y músculos que
ayudan a controlar la diuresis están cerca de la glándula prostática
y, dependiendo del tamaño del tumor y de la técnica de tratamiento
utilizada, es posible que puedan dañarse durante el tratamiento.
Cerca de 60% de los varones parecen tener cierto grado de incontinencia después de la cirugía. En una encuesta nacional de los ase-
gurados por Medicare que se sometieron a prostatectomía radical
de 1988 a 1990, 30% informó la necesidad de usar productos para la
incontinencia como toallas o pinzas después de la cirugía.

Entre aquellos que recibieron radioterapia de rayo externo, se presentaron problemas urinarios a largo plazo en menos de 5% de los
varones. La *American Cancer Society* informa que cerca de un tercio de
los varones tratados con braquiterapia desarrolló aumento de la frecuencia urinaria.

Para la mayoría de los varones la incontinencia urinaria después del
tratamiento es temporal. El control vesical normal regresa de manera
gradual después de varias semanas o meses conforme los tejidos y nervios se recuperan y se fortalecen. Pero para algunos la incontinencia se
puede hacer crónica. Si se presenta incontinencia urinaria después del

ncer de próstata, esto no se debe aceptar como el
que pagar por someterse al tratamiento para el cán-
asos este problema se puede tratar con éxito, asegúre-
el médico.

e incontinencia que se presenta después del tratamiento
er de próstata es la incontinencia por estrés, resultado de
lo del esfínter debilitado. Esto puede originar fuga cuando la
d física aplica presión extra en el abdomen. Para contrarrestar
ebilidad, el médico podría sugerir entrenamiento del músculo
piso pélvico (véase "Ejercicios del piso pélvico" en la página 191 del
péndice). También se puede usar biorretroalimentación o estimulación
eléctrica para tratar la incontinencia por estrés (véanse los capítulos 4 y 5
para más información acerca de estos métodos).

También se puede presentar incontinencia debido a que los nervios
que controlan el almacenamiento de orina en la vejiga se han dañado.
Esto requiere otros tipos de tratamiento, a menudo con los mismos
medicamentos utilizados para tratar la vejiga hiperactiva.

Niños

Después del nacimiento por lo general un niño tarda varios años para
desarrollar las habilidades necesarias para permanecer continente. Al
principio la vejiga de un bebé se llena hasta un punto establecido, después se contrae y se vacía de manera automática. Conforme el niño crece,
el sistema nervioso central madura y la comunicación entre el cerebro y
la vejiga se torna más definida y eficiente. Después el niño aprende a orinar con el deseo en lugar de hacerlo por un reflejo involuntario.

Aun así, se pueden presentar accidentes a menudo, en particular
durante la noche. Esto no es poco común, y el control vesical con frecuencia mejora con el tiempo. De hecho, el índice de incontinencia en
niños disminuye aproximadamente 15% por cada año después de los
cinco años de edad. Orinarse en la noche se llama enuresis nocturna.
La incontinencia diurna es un término utilizado para cuando se orinan
durante el día.

El retraso en el crecimiento es la causa más común de incontinencia en los niños, en especial en aquellos que nunca han estado secos
de manera consistente. Si el niño desarrolla incontinencia después de
haber estado seco por un tiempo, se puede deber a una infección
del tracto urinario recurrente, una vejiga hiperactiva, hábitos de
diuresis inadecuados o como una reacción a un evento estresante

de la vida, como el nacimiento de un hermano o la primera semana de escuela. Con menos frecuencia, la incontinencia en un niño se puede deber a una condición neurológica o una anormalidad anatómica que está presente desde el nacimiento (una condición congénita).

Orinarse durante la noche

La enuresis nocturna es, en un niño de cinco años o más, orinarse de manera involuntaria por la noche. Si el niño nunca ha sido del todo continente esto se conoce como enuresis primaria. Si el niño estaba por completo entrenado y empieza a mojar la cama después de un periodo de estar del todo seco, esto se refiere como enuresis secundaria.

Enuresis primaria. Los expertos no saben la causa exacta de la enuresis primaria, pero lo más probable es que surja de una mezcla de factores que incluyen lo siguiente:

Capacidad vesical pequeña. La vejiga del niño puede no haberse desarrollado lo suficiente todavía para contener la orina a lo largo de la noche.

Producción excesiva de orina durante la noche. Hasta la adolescencia, el cuerpo del niño produce mayores niveles de hormona antidiurética (HAD), en la noche. Esto causa que la producción de orina sea más lenta y permite que el niño duerma durante la noche sin ser molestado por una vejiga llena. Pero si el cuerpo del niño no está produciendo suficiente HAD en la noche, su vejiga podría llenarse hasta desbordarse.

Vejiga hiperactiva durante la noche. Algunos niños presentan contracciones vesicales no inhibidas durante la noche, lo cual provoca que se orinen en la cama. Una vejiga hiperactiva durante la noche por lo general está conectada con síntomas diurnos como frecuencia, urgencia, "retención" y capacidad vesical baja. Si el niño tiene signos y síntomas diurnos y nocturnos significa que tiene incontinencia funcional. Esto por lo general se trata de manera diferente a la enuresis nocturna.

Incapacidad para despertar o para ir al baño. Si el niño tiene una vejiga pequeña, producción excesiva de orina durante la noche o una vejiga hiperactiva, orinarse en la cama se debe a una incapacidad para despertar e ir al baño o dificultades prácticas para llegar al baño cuando la vejiga está llena. Aunque los niños que se orinan en la cama duermen de manera normal —esto es, no por fuerza duermen más profundo que otros niños— son incapaces de despertarse cuando la vejiga está llena. Estudios muestran que orinarse en la cama se presenta por lo general en el primer tercio de la noche, lo cual también resulta ser el momento en el que es más difícil para un niño despertar. En algunos casos un niño puede despertar pero podría no desear salirse de la cama por temor a la oscuridad o porque hace frío. En estas situaciones las medidas prácticas como dejar la luz prendida o mantener la recámara cálida podrían ayudar.

Genética. Al parecer, el orinarse en la cama se presenta en familia. Si ambos padres presentaron enuresis nocturna cuando eran niños, la posibilidad de que sus hijos lo presenten es mayor de 70 por ciento.

Cuando se decide un plan de tratamiento para el niño, es importante incluir al niño en la decisión. La evidencia indica que cuando él comprende los beneficios emocionales y prácticos de permanecer seco y está motivado para dejar de orinarse, por lo general el tratamiento es más exitoso. De hecho, en algunos casos, el tratamiento formal incluso puede no ser necesario —cerca de 20% de los niños empiezan a estar secos en las siguientes ocho semanas sin ningún tratamiento adicional. Los ingredientes clave para un plan de tratamiento positivo incluyen:

- Instituir patrones regulares de sueño, alimentación y bebidas a lo largo del día.
- Limitar los líquidos antes de acostarse.
- Mantener rutinas relajadas a la hora de acostarse.
- Destacar que la condición es común, por lo general no es un signo de un problema psicológico y a menudo desaparece por sí sola.

Los métodos adicionales para tratar la enuresis nocturna incluyen alarmas de enuresis, terapia conductual y medicamentos. En general, los investigadores han encontrado que la alarma es el tratamiento más exitoso para la enuresis, aunque a menudo se combina con varias técnicas de modificación de la conducta o con medicamentos.

Alarma de enuresis. Una alarma de enuresis es un dispositivo que se fija a la pijama del niño. Cuando el paño empieza a mojarse, la alarma se activa, despertando al niño. Una vez que despierta, los músculos del piso pélvico se aprietan y detienen el flujo de orina, lo cual permite al niño ir al baño para terminar de orinar. El propósito de la alarma es que el niño aprenda a responder a la sensación de una vejiga llena. Por lo general las alarmas funcionan mejor en niños mayores de siete años que de manera eventual pueden tomar cierta responsabilidad para caminar e ir al baño por sí mismos. En general toma seis a ocho semanas para que esta terapia sea efectiva.

Terapia conductual. Las técnicas de modificación de la conducta pueden ser útiles para alentar al niño a que desarrolle hábitos y conductas que contribuyan a que esté seco, como usar el baño de manera regular durante el día, orinar antes de irse a acostar, o despertar para ir al baño. Es aconsejable crear un sistema de recompensas como una tarjeta de estrellas o vales para actividades favoritas, para alentar el progreso y la cooperación con las rutinas para la hora de dormirse. Debido a que orinarse en la cama es involuntario, evite los regaños y asegúrese de recompensar sólo aquellas conductas que estén bajo el control del niño. Otras técnicas conductuales incluyen viajes programados al baño a lo largo de la noche que disminuyen de manera gradual conforme la continencia progresa.

Medicamentos. El médico podría recomendar desmopresina para aumentar los niveles de HAD en la noche y reducir la producción de orina. Este medicamento está aprobado para su uso en niños. La imipramina es un antidepresivo que se puede usar para tratar la enuresis nocturna. (Para más información acerca de estos medicamentos, véase el Capítulo 5.) Los medicamentos pueden dar alivio de los síntomas a corto plazo pero por lo general no ofrecen una cura.

Enuresis secundaria. La enuresis secundaria se puede desarrollar por un tiempo como resultado de ansiedad por eventos estresantes, como la enfermedad de un familiar o la separación de los padres. La tensión en la familia o actitudes negativas acerca de la enuresis pueden exacerbar esta ansiedad, lo cual produce más enuresis y crea un círculo de enuresis y ansiedad. Los factores conductuales podrían contribuir con el problema e incluyen dificultades para dormir, patrones de alimentación y consumo de líquidos, falta de cooperación con los padres, o aspectos de autoestima.

Algunos investigadores argumentan que la velocidad a la cual un niño empieza a estar seco por primera vez tiene influencia en su susceptibilidad a la enuresis secundaria cuando surge estrés o una crisis.

Si el niño desarrolla enuresis secundaria, es necesario que el médico lo examine para descartar cualquier problema físico subyacente, como una infección del tracto urinario, un trastorno convulsivo o diabetes. Si el problema parece ser una reacción al estrés, entonces puede ser útil la psicoterapia o la terapia familiar.

Incontinencia diurna

La incontinencia diurna por lo general se caracteriza por orinarse durante el día pero también puede incluir orinarse en la noche. La incontinencia diurna es menos común que la enuresis nocturna pero es similar a la enuresis en que desaparece por sí sola. Si el niño tiene más de un accidente ocasional durante el día, una buena idea es llevarlo con el médico para encontrar qué puede estar causando la incontinencia. La incontinencia diurna por lo general se divide en las siguientes categorías:

Vejiga hiperactiva. Al igual que en los adultos, la vejiga hiperactiva en los niños se caracteriza por una necesidad urgente de orinar. Sin embargo, los niños tienden a contrarrestar este deseo al contraer de manera voluntaria los músculos pélvicos para posponer un viaje al baño y minimizar la fuga. Estos signos y síntomas pueden empeorar hacia el final del día, conforme aumenta la fatiga y la pérdida de la concentración.

Retrasar la diuresis por periodos prolongados puede aumentar el riesgo de infección del tracto urinario. En cambio, una infección puede irritar a la vejiga y producir más síntomas de urgencia y frecuencia. La ropa mojada también es ideal para el crecimiento bacteriano, lo cual puede producir más infección. Todos estos factores combinados pueden crear un círculo de incontinencia e infección recurrente que algunas veces puede ser difícil de tratar. Posponer los viajes al baño para orinar también puede llevar a posponer la defecación, lo cual da como resultado estreñimiento y algunas veces incontinencia fecal.

El tratamiento para la vejiga hiperactiva podría incluir anticolinérgicos para disminuir las contracciones involuntarias del músculo vesical, reducir la fuerza de las contracciones y aumentar la capacidad de almacenamiento de la vejiga.

La atención médica también incluye entrenamiento y tratamiento para las infecciones del tracto urinario y el estreñimiento asociados. (Para más información acerca de los anticolinérgicos, véase el Capítulo 5.)

Hábitos para orinar anormales. Algunos niños orinarán sólo lo suficiente para reducir el deseo, saliendo del baño sin vaciar por completo la vejiga, una práctica llamada vaciamiento interrumpido. En otros niños, el flujo de orina se caracteriza por brotes de contracciones del piso pélvico de manera que el flujo toma un patrón incisivo. En estas dos condiciones, el niño es incapaz de relajar por completo los músculos del piso pélvico. Esto puede presentarse como resultado de tratar con frecuencia de contrarrestar la urgencia de orinar, o podría ser una conducta aprendida.

Estos hábitos urinarios anormales (vaciamiento disfuncional) pueden dar como resultado que quede orina residual en la vejiga, lo cual aumenta el riesgo de infección del tracto urinario. El estreñimiento también puede estar asociado con vaciamiento disfuncional.

La meta del tratamiento es relajar los músculos del piso pélvico para lograr un flujo de orina normal y vaciar por completo la vejiga. Esto se puede hacer por medio de un entrenamiento conductual: alentar a los niños a relajar los músculos del piso pélvico cuando van al baño, tomarse su tiempo y asegurarse de que la vejiga se vacíe por completo. Si existe vejiga hiperactiva, se pueden agregar medicamentos anticolinérgicos. Cuando sea posible, intente prevenir las infecciones del tracto urinario y el estreñimiento, y si se presentan, trátelas.

Síndrome de vejiga perezosa. El síndrome de vejiga perezosa es lo opuesto a la vejiga hiperactiva. En lugar de los síntomas de urgencia y frecuencia, los niños con síndrome de vejiga perezosa sienten muy poco o ningún deseo de orinar. Cuando van al baño, deben estirar los músculos abdominales para expulsar la orina debido a que la vejiga no se contrae con normalidad.

El tratamiento para el síndrome de vejiga perezosa consiste en utilizar cateterización intermitente estéril para vaciar la vejiga, combinado con tratamiento para infecciones y estreñimiento.

Incontinencia con la risa. Algunos niños presentan fuga cuando se ríen. No se sabe con exactitud por qué sucede. La condición puede afectar a niños y niñas y durar hasta la adolescencia y, en ocasiones, hasta la edad adulta. Sin embargo, en general, este tipo de incontinencia desaparece por sí sola. El metilfenidato ha probado ser efectivo en el tratamiento de la incontinencia de la risa en algunos niños.

Vejiga neuropática y anormalidades anatómicas

La incontinencia causada por una enfermedad que dañe a los nervios a menudo se refiere como vejiga neuropática. En los niños, la causa más común de la vejiga neuropática es la espina bífida. Los niños que nacen con espina bífida por lo general tienen un saco externo de membranas que cubren la médula espinal (mielomeningocele) que causa pérdida del control neurológico de las piernas, vejiga o intestino. Cerca de uno de cada 1000 bebés nacen con espina bífida.

Se realiza cirugía poco después del nacimiento para minimizar el riesgo de infección y conservar la función existente de la médula espinal. Cada vez más, esta condición se está diagnosticando e incluso tratando antes de que el bebé nazca (prenatalmente). La esperanza es que este tratamiento temprano ayude a prevenir las complicaciones subsecuentes, incluyendo la incontinencia.

Los niños con parálisis cerebral pueden presentar incontinencia, pero esto se debe con más frecuencia a la falta de movilidad que a una lesión de los nervios.

El tratamiento de la vejiga neuropática consta principalmente de cateterización intermitente y terapia médica, incluyendo anticolinérgicos o agonistas alfa adrenérgicos. Juntos, estos tratamientos pueden dar continencia en 70 a 90% de los niños con esta condición.

Las anormalidades anatómicas, como los defectos de la uretra o de los ureteros, son raros pero pueden producir incontinencia. Por lo general se corrigen con cirugía.

Adultos mayores

Conforme se envejece, se llevan a cabo varios cambios en el cuerpo que pueden hacer que la incontinencia sea más susceptible de presentarse. Estos cambios incluyen:

- disminución de la capacidad vesical
- paredes vesicales menos elásticas
- aumento de la retención de orina después de orinar
- debilidad de los músculos del piso pélvico, en particular en las mujeres
- vejiga hiperactiva creciente
- crecimiento de la próstata en los varones.

Pero el solo hecho de que estos cambios se presenten no significa que habrá incontinencia. Algunos adultos mayores presentan todos estos cambios y aún así son continentes. El envejecimiento no es una causa directa de incontinencia, lo que ocurre es que aumenta el riesgo de incontinencia. Es importante destacar esto porque muchas personas mayores sienten que la incontinencia es una parte inevitable del envejecimiento y por lo tanto no se puede hacer nada al respecto. De hecho, la investigación indica que menos de la mitad de los adultos mayores con incontinencia buscan ayuda para resolverla. Pero en la mayoría de los casos el tratamiento que aplica para la incontinencia en personas más jóvenes también funciona para los adultos mayores.

La vejiga hiperactiva es el tipo más común de incontinencia en gente mayor. Además, muchas personas presentan deseos frecuentes de orinar pero tienen contracciones vesicales débiles (hiperactividad del detrusor con alteración de la contractilidad, o HDAC), lo cual dificulta el vaciamiento completo de la vejiga. Esto puede producir retención de orina y, en casos graves, incontinencia por rebosamiento. La incontinencia por estrés es común entre las mujeres mayores, así como la incontinencia mixta, la cual puede incluir incontinencia por estrés y vejiga hiperactiva.

La diferencia principal en la incontinencia entre las personas jóvenes y las mayores es que en los adultos mayores pueden estar presentes otras condiciones que aumentan el riesgo de incontinencia. Algunas de ellas son reversibles, como la infección o la restricción de la movilidad, y algunas no, como la demencia (véase el Capítulo 2 para más información acerca de las causas asociadas con la incontinencia).

Así, un adulto mayor con incontinencia, en planes de tratamiento, necesitará tomar en cuenta junto con el médico los factores relacionados con el desarrollo de la incontinencia, como habilidades mentales, movilidad, destreza manual, aspectos médicos incluyendo hábitos intestinales, y motivación, además de problemas del tracto urinario actuales. Esto debido a que el enfocarse primero en algunos de estos factores de riesgo podría ayudar a manejar o aliviar la incontinencia. En algunas personas el manejo temprano de ciertos factores de riesgo puede evitar que se desarrolle la incontinencia.

Valoración y evaluación

La valoración y evaluación minuciosa es esencial para diagnosticar a cualquier persona con incontinencia. Pero debido a que muchos diferentes factores pueden contribuir con la incontinencia en adultos mayores, incluyendo algunos no relacionados de manera directa con infección en el tracto urinario, por lo general se hace una exploración física completa y valoración de la continencia, además de considerar las siguientes áreas:

- habilidades de pensamiento y juicio (habilidades cognitivas)
- habilidades para moverse
- ambiente, incluyendo acceso al baño
- grado de independencia en términos de actividades de vida cotidiana
- nivel de apoyo o atención
- factores contribuyentes para la incontinencia potencialmente reversibles
- medicamentos que se toman, muchos de los cuales pueden originar o empeorar la incontinencia.

En adultos mayores frágiles o discapacitados, también se necesita tomar en cuenta otros factores, como qué tan molesta es la condición para la persona o para el cuidador, el nivel de motivación de la perso-

Nicturia

Muchos adultos encuentran que conforme envejecen, necesitan levantarse más a menudo durante la noche para ir al baño. Aunque la mayoría de las personas encuentran aceptable levantarse una vez durante la noche para orinar, tener que levantarse varias veces puede llevar a una cadena de resultados incluyendo interrupción del sueño, somnolencia durante el día y mayor riesgo de caídas. En algunos casos, la nicturia puede originar incontinencia y orinarse en la cama.

Las principales causas de nicturia son una disminución en la capacidad de la vejiga para contener la orina, sobreproducción de orina o una combinación de las dos. Un menor volumen de la vejiga por lo general es resultado del envejecimiento. La mayor producción de orina puede ser resultado de condiciones médicas, como la diabetes, insuficiencia cardiaca congestiva o enfermedad renal. Además, el consumo excesivo de líquidos a una hora más avanzada del día, el uso a largo plazo de pastillas para eliminar líquidos (diuréticos), o cambios en la postura del día a la noche pueden producir la transferencia de líquido proveniente de pies o manos hinchados a los riñones y de manera subsecuente a la vejiga y también podrían aumentar el gasto urinario. La reducción en la producción de hormona antidiurética (HAD) en la noche también puede llevar a aumento en la producción de orina.

na y su capacidad para cooperar con el tratamiento, y otras condiciones médicas existentes (comorbilidades).

Tratamiento

La edad, la fragilidad o la discapacidad no deben evitar que una persona reciba tratamiento para la incontinencia. En general, los adultos mayores son elegibles para el mismo tratamiento que está disponible para las personas jóvenes, con algunas diferencias.

Terapia conductual. El entrenamiento del piso pélvico, biorretroalimentación, estimulación eléctrica y entrenamiento vesical pueden ser formas efectivas de terapia en adultos mayores que están en forma, alerta y motivados para tomar parte de su propio tratamiento. Para aquellos que tienen discapacidad, son frágiles o tienen alteración cognitiva, el vaciamiento asistido o promovido —en donde un cuidador cada cierto tiempo le recuerda a la persona que orine— puede ayudar

Algunas personas confunden el insomnio o despertar por apnea del sueño o ronquidos con una necesidad para ir al baño. Esto también puede llevar a nicturia. Tratar el trastorno del sueño a menudo tiene un enfoque en la nicturia.

Medidas sencillas pueden ayudar a aliviar los síntomas de nicturia, incluyendo las siguientes:

- Restringir el consumo de líquidos, en particular alcohol y cafeína en la tarde/noche, pero no el consumo total de líquidos diarios.
- Usar medias de compresión para reducir la hinchazón en piernas y pies.
- Elevar los pies al final del día para reducir la hinchazón y fomentar la diuresis antes de irse a acostar.
- Cambiar el horario en el que se toman los medicamentos.

Si estos esfuerzos no funcionan, el médico podría prescribir un diurético avanzada la tarde para eliminar la retención de líquidos. Algunos estudios han investigado el uso de desmopresina, el cual se usó primero para la enuresis en niños y para la nicturia en adultos mayores. Aunque el medicamento podría ser favorable para algunas personas, podría causar retención de líquidos, lo cual puede ser peligroso en personas con enfermedad cardiaca y presión arterial alta.

a evitar accidentes y manejar la incontinencia. (Para más información acerca de terapia conductual, véase el Capítulo 4.)

Medicamentos. Los medicamentos para la incontinencia por lo general se prescriben con precaución en adultos mayores debido al mayor potencial de efectos secundarios. Aun así, los anticolinérgicos como la oxibutinina pueden mejorar la efectividad de la terapia conductual para la vejiga hiperactiva y se pueden usar junto con el entrenamiento vesical o el vaciamiento promovido. En los varones con próstata grande, los alfa bloqueadores se pueden usar para vaciar la vejiga.

Pero antes de que se prescriba un tratamiento, es una buena idea hablar con el médico acerca de los otros medicamentos que se estén tomando para asegurar que no contribuyen de manera directa o indirecta con la incontinencia. Si es así, el médico podría ajustarlos para disminuir el riesgo de incontinencia. Los medicamentos nuevos por lo

Atención de la incontinencia en adultos con problemas

Las enfermedades que dañan al sistema nervioso, como la esclerosis múltiple, la enfermedad de Parkinson y el ataque vascular cerebral, pueden tener un efecto en el control vesical y producir incontinencia. Las enfermedades que causan demencia, como la de Alzheimer, pueden producir incontinencia debido a alteración del funcionamiento.

En las etapas iniciales de una enfermedad crónica, muchas personas se pueden cuidar a sí mismas con una cantidad limitada de ayuda. Pero conforme progresa la enfermedad, se vuelve necesario un cuidador para ayudar con las actividades cotidianas. Para algunos que han tenido un ataque vascular cerebral, es necesario un cuidador de manera inmediata después del evento. Cuidar a alguien que tiene incontinencia debido a condiciones neurológicas es una tarea desafiante y a menudo requiere un abordaje creativo. Éstas son algunas sugerencias que pueden ayudar:

- Asegurarse de evaluar la incontinencia por un médico. Se puede deber a una condición reversible, como una infección o un medicamento. Tratar el problema subyacente en este caso por lo general mejora la incontinencia.
- Usar recordatorios frecuentes para usar el baño. Por lo general, un patrón de cada una o dos horas funciona bien. Podría ser necesario llevar a la persona al baño y ayudarle con la ropa y a sentarse.

general se inician con una dosis baja y se aumenta en forma gradual según sea necesario para aliviar los síntomas y minimizar los efectos secundarios.

Es posible que los medicamentos algunas veces tengan efectos indeseables. Por ejemplo, muchas personas con hiperactividad del detrusor y alteración de la contractilidad (HDAC) tienen vejiga hiperactiva pero también presentan signos y síntomas de retención urinaria, lo cual puede llevar a incontinencia por rebosamiento. Los anticolinérgicos pueden ayudar a relajar un músculo vesical hiperactivo pero podrían causar vaciamiento incompleto de la vejiga y retención urinaria, empeorando de esta manera la incontinencia por rebosamiento.

Debido a que los medicamentos pueden tener efectos mixtos, por lo general se reservan como una forma secundaria de tratamiento, en combinación con terapia conductual.

- Observar signos no verbales, como ritmo u otros signos de agitación, que indican que la persona necesita usar el baño. La persona puede no reconocer la sensación de una vejiga llena o podría carecer de habilidades verbales para manifestar esta necesidad.
- Evitar vestirse con cierres complicados, como pantalones con bragueta. Las bandas elásticas para la cintura funcionan bien.
- Dejar la puerta del baño abierta y una luz encendida para ayudar a que la persona localice fácilmente el baño, en particular en la noche. Algunos cuidadores ponen en el piso cinta reflejante en forma de flechas que apuntan a la localización del baño.
- Para una persona con demencia, poner una imagen de un baño y un letrero que diga "Baño" en el cuarto de baño. Evite la palabra *tocador* que se puede tomar literalmente.
- La deshidratación es común en los adultos mayores. No reduzca los líquidos a menos que la persona esté tomando más de ocho a 10 vasos de agua al día. Restringir los líquidos puede de hecho aumentar la incontinencia al hacer que la orina sea más concentrada, lo cual puede irritar a la vejiga y causar aumento de la frecuencia y la urgencia. Sin embargo, sería deseable evitar más de una bebida después de cenar para disminuir la incontinencia nocturna.

Cirugía. La edad por sí sola no es una razón para evitar la cirugía. Los adultos mayores sanos por lo general responden bien a la cirugía para la incontinencia y por lo general se pueden tratar de la misma forma que las personas más jóvenes. Sin embargo, existe un riesgo de complicaciones posoperatorias comunes para cualquier cirugía en una persona mayor, incluyendo deshidratación, infección, delirio y caídas.

Debido a la compleja naturaleza de la incontinencia en adultos mayores y los riesgos asociados con la cirugía, los médicos por lo general hacen una evaluación cuidadosa de la incontinencia, incluyendo pruebas urodinámicas, para asegurarse de que se pueden dirigir a cualquier causa reversible antes de la cirugía. Además, podría valer la pena hacer primero un estudio para tratamiento conservador, seguido de una reevaluación para la necesidad de cirugía. (Para más información acerca de la cirugía para tratar la incontinencia, véase el Capítulo 6.)

No se rehúse a buscar ayuda

Si es un adulto mayor y presenta incontinencia o si está cuidando a un adulto mayor con incontinencia, busque ayuda para esta condición. El médico puede ayudar a encontrar el tratamiento adecuado y a buscar entre los varios factores que podrían estar contribuyendo con la incontinencia. Dirigirse a estos aspectos puede mejorar el control vesical así como la calidad de vida, tanto de la persona con incontinencia como la del cuidador.

En una encuesta de residentes en una casa de atención, los entrevistados dijeron que preferían intervenciones diseñadas para ayudarlos a manejar o controlar la incontinencia urinaria sobre intervenciones para reducir la soledad, mejorar el sueño o aumentar el funcionamiento físico. Es claro que la continencia es importante para el bienestar de cada persona y su dignidad y es una meta que vale la pena alcanzar.

Capítulo 8

Cómo lidiar con
la incontinencia urinaria

Las buenas noticias acerca de la incontinencia urinaria son que el tratamiento para este problema se está haciendo más y más efectivo. Durante años las personas habían manejado la incontinencia usando toallas absorbentes y ropa oscura, llevando un cambio de ropa extra u optando por evitar lugares sociales y permaneciendo en casa. Aunque estos métodos pueden ayudar a evitar la vergüenza, no se enfocan en curar la incontinencia en sí.

Hoy existen mejores maneras de manejar la incontinencia urinaria. Las terapias conductuales, los medicamentos y procedimientos quirúrgicos pueden reducir de manera sustancial, si no es que eliminar, la fuga urinaria y ayudar a ganar control de la vejiga. Además, con frecuencia se están descubriendo tratamientos nuevos. Por eso es importante hablar con el médico, en particular uno que esté preparado para ayudar a encontrar el mejor tratamiento para la situación. Si encuentra un tratamiento que funcione —y la mayoría de las personas lo hace— se minimizará en gran medida el efecto de la incontinencia en su vida.

Aún así podría ser necesario lidiar con los efectos de la incontinencia mientras se espera a que ganen efectividad la cirugía, los medicamentos o la terapia conductual. Y a veces el tratamiento puede no brindar una cura completa. En tales casos, se pueden usar varias estrategias prácticas de autocuidado para lidiar con la incontinencia, como reducción de riesgos, cambio del entorno y sentirse más cómodo consigo mismo.

Cómo reducir el riesgo de incontinencia

Aunque algunos factores de riesgo para la incontinencia, como el envejecimiento o la lesión de la médula espinal, están fuera del control de la persona, se puede tener control sobre otros, como las elecciones en el estilo de vida. Comer bien, ejercitarse con regularidad y no fumar son componentes básicos de un estilo de vida saludable. Tener tales prácticas, como parte de la vida diaria, pueden hacer mucho para reducir el riesgo de incontinencia así como muchas otras enfermedades y condiciones, incluyendo enfermedad cardiovascular, ataque vascular cerebral, presión arterial alta, diabetes y algunos tipos de cáncer.

Comer bien

Lo que entra al cuerpo tiene un efecto definitivo en la salud. Elegir alimentos saludables que nutran y fortalezcan los huesos, músculos, órganos y otros tejidos es vital para ayudar a sentirse mejor y reducir el riesgo de enfermedad. Las siguientes acciones pueden ser en especial útiles para la incontinencia:

Perder kilos extra. Si hay sobrepeso —índice de masa corporal (IMC) mayor de 25— perder el exceso de kilos puede ayudar a reducir la presión general en la vejiga, músculos del piso pélvico y nervios asociados. Estudios sugieren que perder 5 a 10% del peso corporal puede ayudar a mejorar los signos y síntomas de incontinencia. (Para determinar el IMC, véase el cuadro de IMC en la página 23.)

De las muchas maneras de perder peso, las dietas rápidas por lo general son las menos efectivas a largo plazo. Una forma de comer bien y perder peso es enfocarse en los alimentos que tienen baja densidad de energía. La densidad de energía es la relación de calorías por volumen de alimento. Las frutas y verduras tienen baja densidad de energía. Se pueden comer grandes cantidades de ellas y aún así consumir menos calorías que si se hubiera comido una cantidad pequeña de algún postre o alimento frito, los cuales por lo general tienen alta densidad de energía.

Al reemplazar alimentos con densidad de energía alta con alimentos de densidad de energía baja, se satisfacen aquellos brotes de hambre mientras que se consumen menos calorías, lo cual puede ayudar a perder peso.

Agregar fibra a la dieta. El estreñimiento es un contribuyente importante para la incontinencia. Mantener las evacuaciones blandas y regulares permite que la orina fluya con libertad y reduce la fuerza que se aplica a los músculos del piso pélvico. Comer alimentos que tienen alto contenido en fibra —granos enteros, leguminosas, frutas y verduras— puede ayudar a aliviar y evitar el estreñimiento.

Evitar irritantes vesicales en la dieta. Evitar o reducir alimentos y bebidas que se sabe que irritan a la vejiga puede ayudar a aliviar algunos síntomas de la incontinencia. Por ejemplo, si sabe que tomar café en el día tiene una tendencia a hacerlo ir al baño con más frecuencia, podría reducir el consumo de cafeína a una a dos tazas al día. Para una lista de potenciales irritantes de la vejiga en la dieta, véanse las páginas 188-191 en el Apéndice.

Mantener un adecuado consumo de líquidos. Tomar demasiados líquidos puede hacer que orine con más frecuencia. Pero no tomar lo suficiente puede llevar a concentración de desechos en la orina, lo cual puede irritar a la vejiga y causar síntomas de urgencia y frecuencia. Según el lineamiento del Institute of Medicine para el consumo de agua, dejar que la sed sea la guía brinda una adecuada cantidad de líquidos, tanto de las bebidas como de la comida. Sin embargo, conforme se envejece, la sed y la percepción de ésta cambian, y la sed puede no ser la mejor guía para la cantidad de líquidos que se necesitan. Si se presenta incontinencia, es mejor intentar beber entre 1.5 y 1.8 litros de agua (seis a ocho tazas de 250 mL) o de otros líquidos diarios. Esto no tiene que ser sólo agua —se pueden obtener líquidos del té, jugo, y otras bebidas y alimentos, como frutas, verduras y sopas.

Ejercicio

Treinta minutos o más de actividad física en la mayoría de los días es todo lo que se necesita para mejorar la condición física y ganar los beneficios del ejercicio regular. La actividad física regular puede ayudar a:

Permanecer en forma, perder peso. Ser físicamente activo ayuda a mantener a los músculos, incluyendo los del piso pélvico, fuertes y flexibles, y puede ayudar a controlar el peso.

Reducir el riesgo de crecimiento de la próstata. En los varones, caminar dos o tres horas a la semana puede reducir el riesgo de desarrollar una próstata grande, la cual es una de las causas más comunes de incontinencia masculina.

Conservar la independencia. En los adultos mayores el ejercicio regular conserva la masa ósea y el tono muscular, mejora la condición física y ayuda a mantener la independencia. Esto puede reducir el riesgo de incontinencia causado por restricción de la movilidad o dificultad en el manejo de cierres y botones (incontinencia funcional). Al fortalecer los músculos y huesos, también se puede mejorar el equilibrio y la coordinación, lo que reduce el riesgo de caídas.

Combatir la depresión. La actividad física puede ayudarle a combatir la depresión, la cual se ha asociado con incontinencia, en especial en mujeres de edad media. El ejercicio combate la depresión al ayudar a equilibrar químicos cerebrales que pueden estar fuera de sincronización; también estimula la producción de endorfinas —químicos cerebrales que producen sensación de bienestar.

Nota: Las mujeres que presentan fuga de orina mientras se ejercitan podrían considerar usar un dispositivo de soporte como un inserto uretral o un pesario. Estos dispositivos soportan al cuello de la vejiga y ayudan a evitar la fuga. Algunas mujeres usan supertampones o un diafragma como dispositivos de soporte. (Para más información acerca de dispositivos médicos utilizados para tratar la incontinencia, véase el Capítulo 5.)

No fumar

Fumar puede producir tos crónica grave, la cual puede agravar los síntomas de incontinencia por estrés. Dejar de fumar puede aliviar la tos y reducir la presión que produce la misma sobre la vejiga y los músculos del piso pélvico.

Dejar de fumar es más fácil de decir que de hacer, pero no es imposible; además, tiene muchos beneficios aparte de mejorar los síntomas de incontinencia, incluyendo menor riesgo de cáncer pulmonar, enfermedad cardiovascular e infertilidad.

Dejar de fumar por lo general incluye usar varias estrategias. Combinar medicamentos con visitas de seguimiento al médico para soporte y consejo por lo general tiene más éxito que intentar hacerlo por sí mismo. Los programas para dejar de fumar también ofrecen guía de apoyo para lograrlo.

Cómo cambiar el entorno

Si tiene problemas para ir al baño a tiempo debido a restricción de movilidad, tal vez por artritis o una cirugía reciente de cadera, modificar el entorno personal podría ayudar a evitar los episodios de incontinencia. Algunos cambios que podrían ser útiles incluyen los siguientes:

- Elegir una recámara o área para dormir que esté cerca del baño.
- Mantener el camino hacia el baño bien iluminado y libre de obstáculos como alfombras, las cuales pueden hacer que tropiece y producir una caída.
- Instalar un asiento del baño elevado (algunos tienen descansabrazos) de manera que sea más fácil sentarse y levantarse.
- Instalar pasamanos para ayudarlo a levantarse y salir del baño.
- Mantener un orinal en su recámara.
- Tener un cómodo (baño portátil) cerca si su único baño está arriba o abajo de las escaleras.

Si necesita cambios más grandes, podría considerar agregar otro baño en su casa en una localización más conveniente o ampliar un baño de los ya existentes en la entrada.

Consultar a un terapeuta ocupacional o físico podría también ser útil. Los terapeutas ocupacionales se especializan en ayudar a las personas para lidiar con los efectos del envejecimiento, enfermedad o lesión en el manejo de su vida diaria. Un terapeuta ocupacional se puede reunir con el paciente de manera individual y hacer recomendaciones con base en sus necesidades.

Además, usar dispositivos de apoyo como los bastones y andaderas puede ayudar a que la persona se mueva más fácil, más rápido y con más seguridad. Hay disponibles diferentes tipos y tamaños de andaderas. El terapeuta físico o el médico familiar pueden ayudar a encontrar un bastón o una andadera que se ajuste de manera adecuada.

Cómo minimizar las dificultades con la ropa

Si existe vejiga hiperactiva y se está iniciando un programa de entrenamiento vesical, podría ser útil disminuir el número de prendas de ropa que podrían estorbar para ir al baño.

Por ejemplo, las mujeres pueden elegir usar solo un vestido y ropa interior independiente y evitar pantimedias y bodys para ir al baño. Los hombres pueden elegir usar tirantes o pantalones con cintura elástica en lugar de un cinturón. De esta forma no tiene que batallar con la ropa siempre que la sensación de urgencia aumente. Conforme gane más control de la vejiga por medio del entrenamiento o el vaciamiento programado, se puede sentir más cómodo usando pantimedias o cinturones.

Salir de casa

Intente no dejar que la incontinencia lo aleje del trabajo o lugares sociales fuera de casa. De hecho, es esencial que mantenga su conexión con la familia, los amigos y colegas debido a que este tipo de red de apoyo puede evitar los sentimientos de aislamiento y depresión que pueden acompañar a la incontinencia. Salir de casa a comer con un amigo o al cine con su pareja puede refrescar su perspectiva y darle un refuerzo al espíritu.

Las terapias conductuales como el entrenamiento de los músculos del piso pélvico y el entrenamiento vesical pueden ayudar a ganar mejor control sobre la vejiga de manera que pueda tardar más en una reunión de trabajo o viendo una película en el cine sin tener que ir al baño. Mientras tanto, estar preparado puede hacerlo sentir más cómodo cuando sale. Los siguientes consejos pueden ser útiles. Pero recuerde, estos son métodos a corto plazo para aliviar los síntomas de la incontinencia. No se consideran una forma principal de tratamiento.

Súrtase de provisiones. Cuando salga lleve una adecuada provisión de toallas para incontinencia o ropa interior protectora. De esta forma, si se presenta una fuga de orina, estará tranquilo sabiendo que puede reemplazar un producto sucio por uno fresco y no tendrá que ir a casa de inmediato. Los productos actuales cada vez son más discretos y se pueden ajustar dentro de un bolso o una bolsa trasera pequeña. Podría también llevar un cambio de ropa. Incluso un suéter amarrado en la cintura puede estar a la mano en caso de una emergencia. Puede usar una bolsa de plástico con cierre que contenga la ropa sucia hasta que vaya a casa.

Las personas que viajan mucho a menudo tienen una bolsa de artículos listos de manera que no necesitan volver a empacarlos cada vez que salen. Usted podría hacer lo mismo, teniendo una bolsa con todos los artículos necesarios en la puerta, de manera que los tome y salga. Podría incluso tener algunos artículos extra en el auto en caso de que olvide su bolsa.

Si está planeando iniciar actividad física podría pensar en usar un inserto uretral o un parche de esponja. Estos dispositivos pueden evitar la fuga de orina durante la actividad planeada y se pueden desechar después. (Véase el Capítulo 5 para más información acerca de los dispositivos para la incontinencia.)

Explore el lugar al que va. Familiarícese con los baños disponibles en el lugar al que va. Si está en un cine o en una instalación religiosa, sería deseable sentarse cerca del pasillo de manera que con facilidad pueda levantarse e ir al baño si es necesario. Si está con un adulto mayor que tiene un problema de incontinencia, podría ir al baño cada dos horas y ofrecerle la oportunidad de ir con usted. Esto le evita a él la vergüenza de tener que pedir que lo lleven o que se le tenga que preguntar si quiere ir al baño.

Cuídese a sí mismo. Cuando las fugas se presentan rápido, el olor y la irritación de la piel rara vez son más que un problema momentáneo. Si presenta fuga de orina, tenga buen cuidado de la piel y manténgala tan seca como sea posible. El contacto prolongado con la ropa húmeda puede hacer que la piel se agriete, lo cual da como resultado irritación y úlceras. Véase "Productos de autocuidado para la incontinencia" en las páginas 126-127 para más información acerca de los productos que ayudan a permanecer limpio y seco.

Sexualidad e incontinencia

La sexualidad y la incontinencia son aspectos que muchas personas encuentran difíciles de tratar, y combinar los dos en una conversación puede ser incluso más difícil. Es cierto que la incontinencia puede tener un efecto negativo en la vida sexual si se deja así, pero no por fuerza tiene que entrar en el camino de la intimidad, y podría no tener tanta importancia como se piensa.

Tener una fuga de orina durante un contacto sexual puede ser decepcionante. Las mujeres con incontinencia por estrés pueden encontrar que tienen fuga de orina al inicio del contacto cuando el pene de su pareja presiona la uretra y la vejiga al iniciar la penetración. En las mujeres con incontinencia de urgencia, la fuga de orina puede ser más impredecible, aunque a menudo se presenta durante el orgasmo, y en mayor volumen en mujeres con incontinencia por estrés. La urgencia y la frecuencia en varones y en mujeres pueden evitar que se sientan relajados durante una experiencia sexual.

Los varones que tienen incontinencia asociada con el tratamiento para el cáncer de próstata podrían también tener disfunción eréctil, un defecto colateral común de la cirugía prostática. En este caso, es probable que la disfunción sexual sea un factor más importante en el problema sexual que la incontinencia. Los varones por lo general no tienen fuga de orina durante el coito debido a la congestión del pene.

Un estudio en el año 2002 con más de 300 mujeres mayores de 45 años con incontinencia urinaria o prolapso avanzado de órganos pél-

Productos de autocuidado para la incontinencia

Está disponible una amplia variedad de productos de autocuidado para la incontinencia. El tipo que elija depende del volumen de orina que tiende a fugarse, cuándo se presenta la fuga de orina, qué tan fácil es de usar el producto, y su costo, comodidad, control de olores y durabilidad. El médico o la enfermera pueden ayudar con la elección de los productos que serán más útiles.

Se pueden encontrar productos para la incontinencia en farmacias o tiendas de artículos médicos o a través de compañías que venden equipo médico durable. En Estados Unidos La National Association for Continence (NAFC) ofrece a sus miembros un catálogo de suministros llamado *Resource Guide: Products and Services for Incontinence.* Una suscripción anual incluye un periódico, una versión impresa y acceso en línea al *Resource Guide*, y varias otras publicaciones y recursos. También puede revisar con el médico o terapeuta —él puede tener una copia del catálogo para que lo vea. Puede visitar el sitio la red de la NAFC en *www.nafc.org* o llamar (800) BLADDER, u (800) 252-3337.

Éstas son algunas de las categorías de productos disponibles:

Toallas para control vesical

Las toallas desechables diseñadas para manejar la fuga de orina son similares a las toallas sanitarias pero son mucho más absorbentes y tienen un respaldo a prueba de agua. Se colocan dentro de la ropa interior y se desechan después de su uso. Algunas tienen una lengüeta elástica para un mejor ajuste. Los productos absorbentes por lo general incorporan tres capas: una capa superior que separe la humedad de la piel, una capa media que absorbe la humedad y una capa externa que puede ser a prueba de agua para mantener la humedad dentro o permeable para permitir que la humedad se evapore.

Las toallas sanitarias o los pantiprotectores se pueden usar para cantidades muy pequeñas de orina, pero por lo general no son tan absorbentes como las toallas para incontinencia. Para los varones también hay bolsas absorbentes disponibles que se ajustan dentro de sus calzoncillos.

Ropa interior protectora

La ropa interior protectora a menudo se usa en lugar de la ropa interior normal. Los diferentes tipos disponibles incluyen:

Pañales. Se pueden usar como la ropa interior tradicional. Están disponibles de manera desechable o reutilizable. Las presentaciones desechables vienen en varios tamaños y niveles de absorbencia.

La ropa interior reutilizable se lava y viene en dos formas. Una está hecha de material a prueba de agua y diseñada para usarse como una capa extra de protección sobre las toallas absorbentes o ropa interior. El otro tipo es más reciente y está diseñado para absorber y proteger al igual que los desechables, pero se pueden lavar y reutilizar.

Calzoncillos para adultos. Estos productos se fijan alrededor de las caderas con cintas adhesivas o con cinturones reutilizables. Son útiles porque retienen grandes cantidades de orina. Algunos están diseñados en especial para uso durante la noche. Están disponibles en presentaciones desechables y reutilizables y vienen en varias tallas. Algunos están contorneados para ajustarse mejor a la línea del cuerpo.

Productos para el cuidado de la piel y los olores

Las toallitas de limpieza desechables y los aerosoles o espumas de limpieza son más suaves para la piel que el papel higiénico, humectan y ayudan a eliminar el olor. Las toallitas para bebé también funcionan bien.

Las cremas, los geles y ungüentos especiales se pueden usar para crear una barrera contra la humedad y mantener la piel seca. Ciertos ungüentos también funcionan para curar la piel irritada mientras actúan como una barrera humectante.

Algunas personas aplican polvo, como bicarbonato o un polvo vaginal sobre una toalla o prenda para ayudar a absorber el olor. Los aerosoles para habitación también ayudan a neutralizar el olor. Hay productos que se pueden usar en la piel y otros para lavar la ropa.

vicos encontró que una quinta parte de las mujeres citó su condición como un motivo de inactividad sexual. El prolapso fue una razón más común que la incontinencia urinaria, y la vejiga hiperactiva fue más común que la incontinencia por estrés o la mixta. Entre las mujeres que tenían una relación íntima y eran sexualmente activas, la satisfacción sexual en general no estuvo afectada por su condición o por el tratamiento. Un cuestionario enviado a las participantes que eran sexualmente activas reveló que en la mayoría de ellas —sin importar si tenían prolapso, incontinencia por estrés, vejiga hiperactiva o incontinencia mixta— la fuga de orina o el prolapso no tuvieron efecto en su habilidad para tener relaciones sexuales.

Los autores del estudio reconocieron que la satisfacción sexual dependió de un complejo de interacciones y que la salud física fue sólo uno de los muchos factores contribuyentes. Otros incluyeron la fisiología, las emociones, las experiencias, las creencias, el estilo de vida y la relación de la persona con su pareja. El estudio citado sugirió que la incontinencia podría no ser un impedimento tan grande para la actividad sexual como se piensa.

Si siente que los problemas de incontinencia están afectando su vida sexual o su sexualidad en general —cómo se siente consigo misma como un ser sexual— considere tener una franca plática con el médico o terapeuta. Aunque este tipo de conversación puede parecer demasiado vergonzosa al inicio, puede tener resultados positivos en la forma de tratamiento y manejo de la incontinencia. El manejo exitoso de la incontinencia puede aumentar la confianza en sí misma y su capacidad para la expresión sexual.

Mientras tanto, las siguientes sugerencias pueden ayudar a mejorar su vida sexual.

Hablar con la pareja. Tan difícil como podría parecer al principio, hable con su pareja acerca del problema. Obviamente es importante tener una pareja amorosa para empezar, pero se puede sorprender de qué tan comprensiva y dispuesta pueda ser su pareja. En cualquier relación íntima, sin importar qué tan joven o saludable sea la pareja, la comunicación abierta es tal vez el elemento más importante para lograr satisfacción mutua. Si es necesario, busque ayuda profesional para romper las barreras de comunicación entre usted y su pareja.

Amplíe su definición de sexo. Existen incontables variaciones de la intimidad sexual. Tocarse puede ser una buena alternativa para el contacto sexual. Esto es simplemente tocarse uno a otro. También puede significar masaje sensual, masturbación mutua o sexo oral.

Intentar una posición diferente. Tal vez una posición diferente facilite el coito. Si se está en una posición cómoda, es más probable sentirse libre para concentrarse en hacer el amor y puede haber menos probabilidad de que se presente una fuga de orina. En el caso de la mujer, estar arriba por lo general da un mejor control de los músculos del piso pélvico. La penetración por atrás podría aliviar la presión sobre la vejiga. Se debe preguntar a la pareja acerca de sus necesidades y formas en las que el otro también esté cómodo.

Vaciar la vejiga con anticipación. Para reducir las posibilidades de fuga de orina mientras se hace el amor, se debe evitar tomar líquidos una hora antes de tener sexo y vaciar la vejiga justo antes de iniciar.

En el caso de una mujer, usar un diafragma. Debido a que un diafragma se coloca en el área pélvica de la mujer, éste puede dar soporte a la vejiga y a la uretra y ayudar a evitar una fuga de orina.

Hacer los ejercicios de Kegel. Los ejercicios para los músculos del piso pélvico (de Kegel) pueden ayudar a fortalecerlos y reducir la fuga de orina. En las mujeres, unos músculos del piso pélvico fuertes pueden producir una mayor lubricación durante el juego previo y el coito, aumentar la sensación vaginal y la respuesta orgásmica, y dar una mayor capacidad para responder a la pareja, haciendo que el sexo sea más satisfactorio para ambos.

Estar preparado. Tener toallas a la mano o usar toallas desechables en la cama puede aliviar parte de la ansiedad si está preocupado por la humedad.

Mantener el sentido del humor. Recordar que el sexo rara vez es tan perfecto como parece en las películas. Los humanos son imperfectos, y si esto no es el problema, podría ser otro. El sentido del humor puede ayudar a sobrellevar los problemas y crear una mayor intimidad entre la pareja.

Mantener una visión positiva

Si la incontinencia se ha convertido en una parte de la vida, se puede encontrar que engendra emociones y conductas que pueden ser negativas. Varios estudios han encontrado que con frecuencia la depresión se asocia con la incontinencia y que ésta puede tener un efecto negativo en la calidad de vida. Si la incontinencia es grave, es posible que cause evitar situaciones sociales y aislamiento de los demás, incluyendo la familia, por temor de tener un accidente o que el olor pueda estar presente.

Es natural que si cualquier parte del cuerpo no funciona como solía hacerlo o como debería, provoque un sentimiento de pérdida, incluso si el cambio no es permanente. Las habilidades para ir al baño en especial se adquieren a una edad muy joven; perder el control de algo que solía ser secundario puede desencadenar sentimientos intensos de pena, enojo y desesperación. Algunas de las cosas que se pueden perder incluyen:

- La sensación de dignidad.
- La independencia.
- La privacía.
- La espontaneidad.
- Un pasatiempo o deporte grato.
- Intimidad sexual como era antes.
- Relaciones familiares sin problemas.
- Reuniones con amigos.
- Sentimientos de energía y confianza.
- Una sensación de felicidad y control de la vida.
- Satisfacción laboral.

Éstas son pérdidas difíciles. Se podría sentir como si estuviera perdiendo las cosas que le dan un sentido y un propósito a la vida. La respuesta natural es sentir pena. Los sentimientos que a menudo se asocian con la pena incluyen negación del problema, enojo, frustración, depresión, culpa, y vergüenza.

Es fácil minimizar las emociones conectadas con la incontinencia debido a que no pone en riesgo la vida y no es una condición por fuerza dolorosa. De hecho, muchas personas la encuentran vergonzosa incluso para admitir que la tienen. Pero cuando la incontinencia empieza a tomar pérdidas en la vida, es importante reconocer las emociones que podrían presentarse por sí solas y trabajar en ellas de una forma saludable. Podría nunca volver a ser el mismo, pero tal vez se encontrarán mejores maneras de lidiar con la situación.

Practicar el pensamiento positivo

Para ayudarse a lidiar con las emociones decepcionantes que puede producir la incontinencia, intente hablar consigo mismo de una forma positiva, hacerlo es un torrente interminable de pensamientos que corren por la cabeza cada día. Algunas personas refieren este proceso como pensamiento automático.

Los pensamientos automáticos pueden ser positivos o negativos. Algunos se basan en la lógica y en la razón. Otros pueden ser conceptos erróneos que se formulan por la falta de información adecuada. La meta de la plática positiva es eliminar los malos conceptos y cambiarlos con pensamientos racionales y positivos. Después, la plática consigo mismo de manera automática contendrá menos autocrítica y más aceptación de sí mismo. Los pensamientos espontáneos se tornarán más positivos y racionales.

Éstas son algunas formas comunes de pensamiento irracional. Intente identificar y cambiar estos tipos de pensamientos:

Filtración. Se magnifican los aspectos negativos de la situación y se filtran todos los positivos. Por ejemplo, tiene un gran día en el trabajo. Terminó sus tareas por adelantado y lo felicitaron por hacer un trabajo rápido y minucioso. Pero tuvo una fuga de orina mínima. Esa tarde se enfoca sólo en la fuga y olvida todo acerca de las felicitaciones que recibió en su trabajo.

Personalizar. Cuando sucede algo malo, en automático piensa que tiene la culpa. Por ejemplo, escucha que el día de campo con la familia se canceló, y empieza a pensar que el cambio de planes se debe a que nadie quería estar cerca de usted.

Generalizar. Observa un evento problemático como el inicio de un ciclo interminable. Cuando tarda más de lo que pensaba recuperar el control vesical, empieza a pensar: "Nunca podré hacer lo que solía hacer". "Soy una carga para todos los que me rodean". "No valgo la pena".

Crear catástrofes. De manera automática anticipa lo peor. Rehúsa salir con amigos por temor de que tendrá un accidente y se ridiculizará a sí mismo. O un cambio en su rutina diaria le hace pensar que el día será un desastre.

Polarizar. Ver las cosas sólo como buenas o malas. No hay un punto medio. Piensa que tiene que ser perfecto o que ha fracasado.

Dar un sentido emocional. Con este tipo de pensamiento distorsionado, permite que los sentimientos controlen el juicio. Si se siente tonto o poco atractivo, entonces debe ser tonto y poco atractivo, sin importar la realidad.

Buscar ayuda

No se puede enfatizar lo suficiente en que existe ayuda disponible para la incontinencia. Ser incontinente no es una parte normal del envejecimiento, y no se tiene que aceptar esto como tal, aunque los padres y abuelos lo hayan tenido. Hay tratamiento disponible para curar la incontinencia o reducir de manera importante su efecto en la vida. Incluso si la incontinencia está relacionada con otras enfermedades o condiciones médicas, en muchos casos aun así se puede tratar de manera eficaz.

Para obtener un tratamiento que funcione, los elementos clave son:

- Encontrar un médico que esté interesado en la condición; él realizará un diagnóstico minucioso y ayudará a encontrar la mejor forma de tratar el tipo de incontinencia.
- La propia participación activa en el tratamiento. El tratamiento para la incontinencia a menudo incluye terapias, ya sea conductuales o medicinales que requieren participación activa, compromiso y paciencia de su parte.

Aunque lograr el control vesical puede parecer difícil e incluso imposible algunas veces, no se rinda. Es una meta que vale la pena, y una vez que la logre, encontrará confianza renovada en sí mismo y en sus habilidades.

Parte 2

Incontinencia fecal

Capítulo 9

El intestino y la incontinencia

L a incontinencia fecal no es algo de lo que se escuche mucho, aunque afecta a más de 6 millones de estadounidenses. La incontinencia fecal es la incapacidad para controlar el intestino. Cuando necesita tener una evacuación es posible que no sea capaz de contenerla el tiempo suficiente para llegar al baño. Esto se llama incontinencia fecal de urgencia. O se podría presentar fuga inesperada de heces cuando no se presenta ningún deseo de evacuar. Esto se conoce como incontinencia fecal insensible.

La mayoría de las personas no valora que puede controlar su intestino. Por lo general no se presenta un "accidente" a menos que exista un breve brote de diarrea. Pero éste no es el caso en las personas con incontinencia fecal crónica (recurrente). Ellas no pueden controlar el paso de gases o de heces, las cuales pueden ser líquidas o sólidas.

La incontinencia fecal puede variar desde una fuga ocasional menor hasta una pérdida total del control de las evacuaciones. Las personas con incontinencia fecal pueden también expulsar gas de manera involuntaria. Aunque el paso involuntario de gas no se define en sí como incontinencia fecal, puede ser un problema molesto.

Muchas personas con incontinencia urinaria también tienen incontinencia fecal —esto se refiere como doble incontinencia. Por ejemplo, se estima que 30% de las mujeres con incontinencia urinaria ha tenido también episodios de incontinencia fecal.

La incontinencia fecal puede tener un efecto devastador en casi todos los aspectos de la vida diaria, incluyendo la autoimagen, el trabajo y las relaciones. Conforme se intenta manejar un proceso corporal que no puede controlarse, se puede afectar la confianza, el respeto a sí mismo y la serenidad. Se puede sentir avergonzado retraído o humillado.

Muchas personas con incontinencia fecal temen salir de casa y tener un accidente en público. Se sienten como si estuvieran "atadas al baño". Puede ser difícil dar una caminata alrededor de la cuadra, dar un paseo solo en auto, autobús o avión. Las funciones sociales son desalentadoras, por decir lo mínimo. Conservar un trabajo puede ser un reto.

La mayoría de las personas con incontinencia fecal no se lo dicen a nadie, ni siquiera al médico. En lugar de ello, limitan sus actividades y se separan de sus amigos y familiares. Los resultados pueden ser aislamiento social, pérdida del empleo, reducción de la autoestima, depresión y ansiedad. En los adultos mayores, la incontinencia fecal es uno de los motivos más comunes para ingreso en una casa de cuidados.

La incontinencia fecal es más común en personas mayores, pero puede afectar a cualquier persona, incluyendo niños después de que han sido entrenados para ir al baño. Es difícil determinar qué tan común es el problema, debido a que muchas personas están renuentes a informarlo. Pero se estima que 2 a 7% de la población general y 11% de las personas mayores de 80 años están afectadas. Entre los residentes de casas de asistencia, la prevalencia se eleva a cerca de 45 por ciento. Las mujeres son más susceptibles que los varones para decirle al médico que tienen incontinencia fecal. Pero es común entre los varones así como entre las mujeres.

Aunque la incontinencia fecal a menudo afecta a las personas mayores, no es una parte normal del envejecimiento. Y no es una situa-

Signos intestinales de alarma

Si la incontinencia fecal incluye sangrado, vea al médico de inmediato. El sangrado, junto con la ausencia de control intestinal, podría indicar inflamación del colon (colitis), un tumor rectal o descenso del recto hacia el canal anal (prolapso rectal). Otras condiciones médicas, como las hemorroides, una lesión anal o una ruptura en el recto (fístula), pueden hacer que salga moco o sangre a través del ano. Esta fuga se puede confundir algunas veces con incontinencia fecal.

ción sin esperanza, sin importar la edad. Los avances en la comprensión, la conciencia, el diagnóstico y tratamiento del problema han iluminado la visión de las personas con incontinencia fecal. Se puede ayudar a la mayoría de ellas con un tratamiento adecuado, y a menudo el problema se puede resolver por completo.

Seguir los pasos para lidiar con la incontinencia fecal ayudará a reducir la vergüenza, el temor, la ansiedad y soledad que a menudo se presentan con los problemas físicos. El tratamiento puede mejorar la vida y facilitar que el paciente se sienta mejor consigo mismo. Este capítulo ayudará a comprender las causas de incontinencia fecal, cómo funcionan los intestinos y qué pasa si algo está mal.

Cómo funcionan los intestinos

La incontinencia fecal no es una enfermedad específica. Más bien es un signo de uno o más problemas médicos. Se puede presentar cuando algo está mal con el proceso complejo y coordinado que permite que se contengan las heces hasta que se elige expulsarlas. La incontinencia puede ser resultado de varios problemas y rara vez se debe a un solo factor. Para comprender sus causas es útil saber algo acerca de la manera en la que funcionan de manera normal los intestinos.

La continencia es una función de un sistema digestivo sano. El tracto digestivo empieza en la boca y termina en el recto y ano en la porción inferior del intestino grueso. El tracto digestivo consta de varios órganos que trabajan juntos para procesar el alimento que se consume, absorber nutrientes y líquidos vitales hacia el torrente sanguíneo, y eliminar desechos que el cuerpo no puede digerir.

Cuando los intestinos están funcionando en forma normal, el material de desecho progresa en forma ordenada a través de la última parte del tracto digestivo —el intestino grueso (colon), recto y ano. Al momento que el alimento de manera lenta ha tomado su camino a través de la longitud del tracto digestivo hasta el final del colon, los nutrientes ya se han absorbido. En el colon, casi toda el agua se ha eliminado del desecho. El residuo remanente, llamado excremento o heces, por lo general es suave pero con forma.

Las heces están hechas de alimento no digerido, agua sin absorber, bacterias, moco y células muertas. Éstas se almacenan en el recto antes de que se liberen a través del ano.

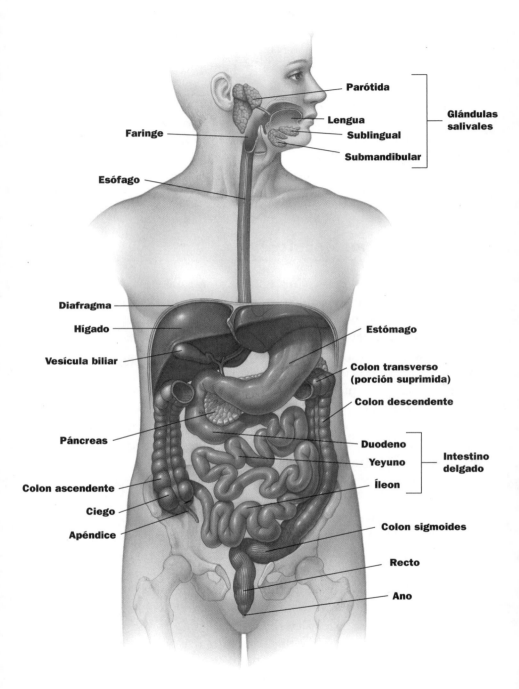

El tracto digestivo empieza en la boca y termina en el recto y el ano. Incluye varios órganos vitales.

La función intestinal está controlada sobre todo por tres cosas:

- La fuerza del esfínter anal, los músculos en forma de anillo al final del recto. Estos músculos se aprietan (contraen) para evitar que las heces salgan del recto.
- La capacidad de almacenamiento del recto, que permite que se contengan las heces por algún tiempo después de que se tiene conciencia de que la evacuación está ahí.
- La capacidad para sentir la necesidad de sacar las heces.

Para permanecer continente, el colon, el recto, el ano y el sistema nervioso tienen que estar trabajando de manera normal. Además, tiene que existir la capacidad para reconocer y responder al deseo de ir al baño. Otros factores que pueden jugar un papel incluyen cómo se mueven los alimentos y los desechos a través del colon y la consistencia y cantidad de las heces.

El colon

El colon, también llamado el intestino grueso, mide cerca de 1.5 metros de longitud. Se extiende desde el punto en donde se une con el intestino delgado, en el lado derecho inferior del abdomen, arriba hacia el hígado. Desde ahí cruza la parte superior del abdomen, después se flexiona hacia abajo a lo largo del lado izquierdo del abdomen hacia la pelvis. Las últimas secciones del colon —el colon sigmoides, recto y ano— son cruciales para la continencia.

La parte inferior del colon que desciende desde la parte superior del hueso pélvico hacia el recto se llama colon sigmoides. El nombre se refiere a su forma de S (de la palabra griega *sigma*, o S). El colon sigmoides ayuda a hacer más lento el paso de materia fecal antes de que pase al recto.

Puede tardar hasta 10 horas o varios días para que el contenido digestivo se mueva a través de todo el colon. Conforme lo hace, la mayoría de líquido y sales se absorben del material. Éste se seca y se hace más sólido, en forma de heces, las cuales se almacenan en el colon sigmoides hasta que las contracciones musculares las mueven hacia el recto.

Estos movimientos musculares, conocidos como ondas peristálticas, mueven rápido las heces hacia el recto. Las ondas peristálticas por lo general duran cerca de 10 a 15 minutos dos o tres veces al día, con más frecuencia después de despertar y después de comer. Por este motivo muchas personas hojean el periódico y se dirigen al baño

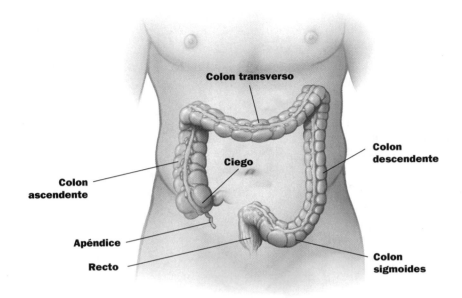

El colon consta de cuatro secciones, empezando en el punto en donde se une con el intestino delgado en el ciego y terminando con la sección sigmoides, justo arriba del recto.

después del desayuno. Comer también aumenta una actividad del colon llamada reflejo gastrocólico, lo cual puede hacer sentir la necesidad de ir al baño.

El recto y el canal anal

El recto descansa al final del intestino grueso, justo después del colon sigmoides; es un tubo muscular hueco de aproximadamente 1.5 m. Es más elástico que el resto del intestino, de manera que se puede expandir para almacenar la materia fecal. En general el recto está vacío. Cuando se empujan hacia él las heces provenientes del colon, sus paredes se estiran para acomodarlas. El recto está rodeado de nervios que sienten la expansión y desencadenan el deseo de evacuar. Conforme más heces entran en el recto, el deseo aumenta.

Conforme las paredes del recto se estiran, el músculo del esfínter anal interno se relaja. El esfínter anal interno es una de dos capas circulares de músculo rodeando los últimos 5 cm del recto, llamados canal anal.

El canal anal termina en el ano —la abertura al final del tracto digestivo. La mayoría de las veces, el esfínter anal interno permanece apretado (contracturado) para evitar la fuga del recto hacia el canal anal.

Pero cuando el recto se expande, el esfínter anal interno se abre y deja que un poco del contenido del recto se ponga en contacto con las múltiples terminales nerviosas en el canal anal. En un rápido "reflejo de muestra", los receptores nerviosos sensoriales detectan si el contenido rectal es gas o heces líquidas o sólidas. Esto permite que se decida qué se va a hacer —expulsar un gas o mantenerlo, buscar un baño de inmediato si hay diarrea o evacuaciones líquidas, o esperar para un momento o un lugar más convenientes.

Durante este tiempo, la evacuación se mantiene dentro gracias al músculo del esfínter anal externo. Conforme el recto se expande, el esfínter externo se contrae. Es el único músculo ahí que se puede contraer de manera consciente, como cuando lo contrae para mantener las heces dentro, o por reflejo (sin control consciente). Por ejem-

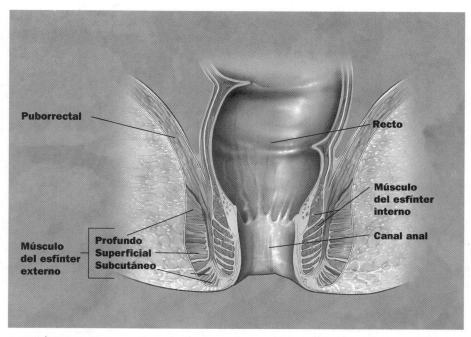

Los músculos de los esfínteres anales externo e interno trabajan junto con los músculos del recto para controlar el paso de heces. Cuando se dañan o debilitan los músculos del esfínter anal se puede presentar incontinencia fecal.

plo, cuando está durmiendo los esfínteres anales interno y externo permanecen contraídos para evitar que las heces salgan del recto. Este reflejo también se desencadena al toser, reírse fuerte o levantar algo pesado, de manera que un aumento súbito en la presión sobre el abdomen no obliga a las heces a salir.

Cómo se mantienen las heces dentro

Si se necesita retrasar una evacuación, se aprieta el esfínter anal externo y se contrae un músculo llamado puborrectal en el piso pélvico. Este músculo en forma de U forma un cabestrillo que soporta el área entre el recto y el canal anal. Cuando el músculo puborrectal se contrae, empuja al recto de manera que cae a un ángulo —por arriba y al lado del canal anal, en lugar de recto sobre él. Esto evita que las heces pasen del recto hacia el canal anal.

Se puede apretar el esfínter anal externo por unos minutos cuando mucho. Después de esto, el recto se estira para contener más heces, la sensación de urgencia cede y el esfínter externo se relaja. El esfínter anal interno se cierra, manteniendo las heces en el recto.

La capacidad del recto para estirarse y almacenar más heces se conoce como distensibilidad. Por supuesto, se presenta un punto en el que el recto está conteniendo todas las heces que puede y se siente la necesidad urgente de ir al baño. En la mayoría de las personas, el recto puede contener de manera cómoda más de 300 mililitros de materia fecal (cerca de 10 onzas, o un poco más de una taza). Después de esto, las cosas se vuelven incómodas.

Evacuaciones

Cuando se está listo para una evacuación, todos los músculos involucrados en el mantenimiento de la continencia —los esfínteres anales interno y externo y el puborrectal— se relajan. Cuando se sienta o se pone en cuclillas, el ángulo entre el ano y el recto se aplana, lo cual permite que el contenido del recto se mueva hacia el ano. Conforme puja, el esfínter anal externo y el músculo puborrectal se relajan, aplanando todavía más el ángulo (véase la imagen de la página 143).

Para empujar las heces hacia abajo, se puede inclinar hacia abajo, un movimiento llamado maniobra de Valsalva. Esto cierra la vía aérea, aprieta los músculos del abdomen y empuja el diafragma hacia abajo. La maniobra de Valsalva aumenta la presión en el abdomen y ayuda a vaciar el recto.

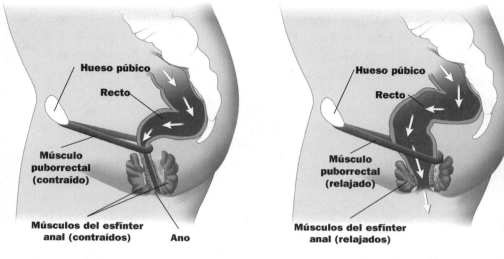

Cuando el músculo puborrectal se contrae (izquierda), sostiene al recto en un ángulo tal que se evita que las heces pasen al canal anal. Conforme el músculo puborrectal se relaja (derecha), se cambia el ángulo, lo cual permite que las heces se muevan hacia el canal anal.

Problemas intestinales e incontinencia

Para que los intestinos funcionen de manera normal y eviten que haya evacuaciones no intencionales, todas las diferentes estructuras interconectadas descritas en la sección anterior tienen que trabajar juntas. Piense en el tracto digestivo como algo semejante a una línea de producción en una fábrica —los miembros realizan varias funciones en varios lugares para procesar alimentos y líquidos para un resultado final, las heces. Si algún miembro de la línea se sale o deja de funcionar —en otras palabras, si parte del sistema se afecta por una enfermedad o lesión— se puede presentar incontinencia. A menudo está involucrado más de un factor.

Algunas veces, se presenta incontinencia cuando una condición no relacionada, como la artritis, hace que sea físicamente difícil llegar al baño cuando se necesita. Esto se refiere como incontinencia funcional.

Causas de incontinencia fecal

Las causas comunes de incontinencia fecal incluyen estreñimiento crónico (recurrente), diarrea, y daño muscular o neuronal. El daño muscular está involucrado en la mayoría de los casos de incontinencia fecal.

Los músculos y nervios dentro y alrededor del recto y el ano interactúan para sentir la presencia de desechos, permitir que se almacenen y empujarlos a lo largo y, finalmente, eliminarlos. El daño de los músculos del esfínter anal puede dar como resultado incontinencia. Los músculos debilitados no pueden cerrar con fuerza, por ello las heces se fugan.

Los músculos del piso pélvico también juegan un papel importante en el mantenimiento de la continencia. Estos músculos soportan a los órganos dentro de la pelvis y el abdomen inferior. Si los músculos del piso pélvico se debilitan o se altera su función, se puede presentar incontinencia fecal.

El daño neurológico también puede jugar un papel en la incontinencia fecal. Para permanecer continente, una persona debe ser capaz de reconocer y responder a la urgencia de defecar. Las condiciones que pueden afectar al sistema nervioso o causar daño nervioso pueden disminuir la conciencia o sensación de intestino lleno. Si los nervios que controlan los músculos del esfínter están lesionados, no funcionan de manera adecuada y se puede presentar incontinencia. Si los nervios que perciben las heces en el recto se dañan, podría no sentirse la necesidad de usar el baño hasta que las heces se escapen.

Un amplio rango de condiciones y trastornos pueden causar incontinencia fecal. Éstos incluyen:

Estreñimiento. El estreñimiento crónico estira y debilita a los músculos del esfínter anal. Esto puede hacer que los nervios del ano y el recto respondan menos a la presencia de heces en el recto. Además, el estreñimiento puede debilitar los músculos del colon. Esto hace más lento el tiempo de tránsito en el intestino, lo cual dificulta que las heces pasen y empeora el estreñimiento.

El estreñimiento crónico a menudo produce heces impactadas, una gran masa de heces secas, duras, que se atora en el recto. Entonces se acumulan heces líquidas alrededor.

Diarrea. La diarrea, o heces sueltas, es más difícil de controlar que las heces formadas, sólidas; puede sobrepasar la capacidad del cuerpo para contener las heces dentro. La diarrea se puede deber a varias causas, incluyendo enfermedades infecciosas como intoxicación alimenticia o abuso de laxantes. Además, la radioterapia, ciertos medicamentos, y enfermedades que afectan al colon o al recto, como la colitis ulcerativa, enfermedad diverticular y cáncer pueden también causar diarrea. Las condiciones que causan diarrea crónica,

¿Quién está en riesgo?

La incontinencia fecal puede afectar a varones y a mujeres, personas jóvenes y mayores. Incluso quienes no tienen incontinencia fecal pueden tener un "accidente" ocasional cuando "tienen suelto el estómago" u otra enfermedad infecciosa que cause diarrea.

Algunos factores aumentan la probabilidad de incontinencia. Estos factores de riesgo incluyen:

- Ser incapaz de realizar actividades cotidianas, como vestirse o ir al baño solo.
- Envejecer.
- Tener diarrea o estreñimiento crónicos.
- Tener mala salud en general.
- Dar a luz, en especial si han sido productos grandes, un segundo periodo del parto prolongado, parto con fórceps, parto de producto en posición pélvica, un corte para ampliar la abertura vaginal (episiotomía) o un desgarro vaginal que llegó hasta el ano.
- Tener problemas de colon, rectales, anales o ginecológicos.
- Tomar ciertos medicamentos.
- En niños, entrenamiento tardío o interrumpido para ir al baño.

Además, enfermedades y condiciones que aumentan el riesgo de incontinencia fecal incluyen:

- Diabetes
- Ataque vascular cerebral
- Esclerosis múltiple
- Enfermedad de Parkinson
- Esclerosis sistémica
- Distrofia miotónica
- Amiloidosis
- Lesiones de la médula espinal
- Ano imperforado
- Enfermedad de Hirschprung
- Prolapso genital y rectal

como la enfermedad inflamatoria intestinal (EII) y el síndrome de intestino irritable (SII), pueden dar como resultado incontinencia.

Síndrome de intestino irritable. Este trastorno puede causar heces sueltas y diarrea, lo cual es más difícil de controlar que las heces formadas. (Véase "Síndrome de intestino irritable e incontinencia", en la página 151.)

Condiciones neurológicas. Esclerosis múltiple, demencia, ataque vascular cerebral, diabetes, lesiones de la médula espinal y lesiones cerebrales pueden alterar la capacidad para sentir las heces en el recto.

Partos. Dar a luz por vía vaginal puede causar debilidad o daño a los músculos del piso pélvico y los nervios. El riesgo de lesión es mayor si se desgarra el músculo en el ano durante el parto. Otros factores que aumentan la probabilidad de daño incluyen el uso de fórceps durante el parto, un producto grande, una segunda etapa del parto prolongada, un corte para aumentar la abertura vaginal para el parto (episiotomía) y nacimiento de producto en posición pélvica.

Vaciamiento incompleto del recto. Contener heces en el recto por periodos prolongados o no vaciarlo por completo pueden provocar que se escapen heces líquidas.

Pujo para defecar. Un hábito prolongado de pujar para ir al baño puede dañar los nervios que perciben las heces en el recto y puede debilitar los músculos del piso pélvico.

Defectos congénitos en el ano o el recto. Las personas que nacen con problemas que afectan el ano o el recto pueden tener consecuencias para toda la vida con incontinencia fecal.

Lesión accidental. La lesión al piso pélvico, ano o recto puede dañar los músculos y nervios, causando incontinencia.

Cirugía. La cirugía para tratar venas crecidas en el recto o el ano (hemorroides) puede dañar el ano y producir incontinencia fecal. Otras cirugías que incluyen al recto y al ano, así como las cirugías ginecológicas, de próstata y de intestino, también pueden llevar a incontinencia fecal.

Medicamentos. Los medicamentos que pueden causar o empeorar la incontinencia fecal se presentan en el Apéndice de las páginas 194-195.

Cicatrización del recto. Puede ser difícil contener las heces, en particular la diarrea, si las paredes del recto pierden elasticidad, se

Envejecimiento e incontinencia fecal

La incontinencia fecal no es una parte inevitable del envejecimiento. Para la mayoría de las personas, la función intestinal sigue estando vigorosa y saludable en la edad adulta. Pero algunos de los cambios corporales que se pueden presentar con el envejecimiento pueden contribuir con la incontinencia.

Con el tiempo, los músculos del esfínter anal y los músculos y ligamentos que soportan la pelvis se pueden debilitar. Las mujeres mayores son en especial propensas a perder fuerza en estas áreas, con mayor probabilidad porque las hormonas reproductivas femeninas tienen influencia en la fuerza y el vigor de los músculos del piso pélvico y de la zona anal. Después de la menopausia, cuando los niveles hormonales de las mujeres disminuyen de una manera aguda, el esfínter anal externo pierde parte de su capacidad para contraerse.

El envejecimiento también puede traer otros cambios que pueden afectar la función intestinal. Los cambios en las paredes intestinales y el aporte sanguíneo retrasan el tiempo que tardan la comida y los desechos para moverse a través de los intestinos. Podría notarse más estreñimiento conforme las heces se endurecen y se secan.

Las enfermedades que son comunes en las personas mayores, como la diabetes y la enfermedad de Parkinson, pueden contribuir con la incontinencia fecal. En las mujeres, los efectos de los partos en los músculos del piso pélvico y de la zona anal pueden hacerse aparentes sólo en sus años más avanzados. La dieta y el estilo de vida también tienen un gran impacto en qué tan bien funcionan los intestinos con la edad. Los adultos mayores que no son físicamente activos o que no comen mucha fibra pueden tener estreñimiento frecuente, lo cual puede llevar a incontinencia. Por último, algunos medicamentos también contribuyen con la incontinencia fecal.

ponen rígidas y menos capaces de estirarse. Esto puede ocurrir como resultado de cicatrización de la cirugía rectal, radioterapia o EII.

Otras condiciones. Una caída del recto hacia el ano (prolapso rectal) o, en las mujeres, una protrusión del recto a través de la vagina (rectocele) puede ser una causa de incontinencia fecal. Las hemorroides pueden obstruir por completo el cierre del esfínter anal provocando incontinencia fecal.

Incapacidad para contener las heces (incontinencia fecal de urgencia)

Cuando el músculo del esfínter anal externo no está funcionando de manera adecuada podría no existir la capacidad de contener las heces –se siente urgencia y el deseo y se debe ir al baño tan pronto como se siente que las heces están en el recto. Podría no existir la capacidad para apretar el músculo del esfínter lo suficientemente fuerte o durante el tiempo necesario para llegar al baño.

El parto es una causa común de daño al esfínter anal. Dar a luz por vía vaginal puede causar desgarros tanto en los músculos del esfínter anal interno como en los del externo, así como daño al nervio pudendo, el principal nervio del esfínter externo. Algunas mujeres desarrollan incontinencia fecal dentro de las primeras semanas de haber dado a luz. Para otras, el problema no se muestra hasta que están alrededor de los 45 años o más, cuando los músculos y las estructuras de soporte en la pelvis se debilitan.

Otras causas de daño del esfínter anal incluyen cirugía para las hemorroides, otras cirugías rectales o anales, infecciones alrededor del área anal, lesión en el área y pérdida de la fuerza en los músculos con el aumento de edad. (Véase "Envejecimiento e incontinencia fecal", en la página 147.)

Las personas con daño nervioso en el piso pélvico pueden tener problemas para que el recto acomode las heces. Éstas pasan a través del colon sigmoides y al recto muy rápido, y las barreras que de manera normal mantienen a las heces dentro se sobrepasan. El resultado puede ser diarrea o falta de tiempo entre la sensación de presencia de heces y una necesidad urgente de usar el baño. Tal daño nervioso se puede presentar por la diabetes, esclerosis múltiple o lesiones de la médula espinal o del cerebro.

También se puede presentar una sensación de urgencia y evacuaciones frecuentes si el recto no se puede estirar lo suficiente para almacenar la cantidad normal de heces. De manera normal el recto se estira para mantener las heces hasta que se pueda llegar al baño. Pero si el recto no se puede estirar mucho, hay menos tiempo para sentir la presencia de heces y la necesidad urgente de ir al baño. Incluso si los músculos del esfínter están funcionando bien se puede presentar incontinencia fecal si el recto se ha puesto rígido. Se puede presentar reducción de la capacidad rectal para almacenar como resultado de cicatrización por cirugía, radiación pélvica o SII.

Una condición llamada prolapso rectal puede hacer que se sienta una necesidad urgente de ir al baño incluso cuando están presentes pocas heces. El prolapso rectal se presenta cuando los músculos que soportan al recto están débiles, y el recto se prolapsa —desciende hacia el canal anal o se sale del cuerpo. Si existe prolapso rectal, el esfínter externo debe trabajar más para contener las heces dentro. El prolapso puede causar daño al esfínter, y la mayoría de las personas con este problema experimentan incontinencia fecal.

Alteración de la capacidad para sentir las heces (incontinencia fecal insensible)

La sensación rectal avisa que hay heces en el recto, y que se necesita ir al baño. Si los nervios que son responsables de la sensación en el recto o en el ano están dañados, se podría perder la capacidad para sentir las heces en el recto. O es posible que no se pueda distinguir entre gas, heces sólidas y líquidas.

Si la sensación rectal está alterada, una persona puede no reconocer la necesidad de tener una evacuación. Las heces salen de manera involuntaria, o se puede acumular una cantidad excesiva de ellas en el recto. Esto puede causar heces impactadas, materia fecal dura que se atora en el recto. Después se acumulan heces líquidas alrededor de la materia dura, impactada —esto se conoce como incontinencia por rebosamiento (véase la página 150).

Las causas de una sensación rectal alterada incluyen daño nervioso por diabetes, esclerosis múltiple, ataque vascular cerebral y lesión de la médula espinal. La lesión nerviosa también se puede presentar por los partos o por años de mucho esfuerzo para defecar. Algunos medicamentos, como los analgésicos opiáceos y los antidepresivos, también afectan la sensación rectal y llevan a incontinencia fecal. La sensación rectal puede estar reducida en los adultos mayores y en los sujetos con alteraciones físicas y mentales.

El daño al músculo del esfínter anal interno también puede provocar que partes pequeñas de heces salgan sin que se tenga conciencia de ello. Un deficiente "sellado" en el músculo permite a las heces salir. Si el reflejo de muestra del esfínter está alterado, se podría ser incapaz de determinar el contenido del recto y decidir qué hacer. Las mismas cosas que pueden dañar al esfínter anal externo (partos, lesiones, cirugía, debilidad muscular por la edad) pueden causar problemas con el esfínter interno.

La capacidad para sentir las heces en el recto también requiere que la persona esté alerta para notar la sensación y hacer algo al respecto. Una persona con demencia puede pasar por alto la sensación, mientras que alguien con artritis puede tener problemas para ir al baño. La incontinencia fecal a menudo es un aspecto de la enfermedad de Alzheimer de etapa avanzada, en la cual la demencia y el daño a los nervios juegan un papel. Estar físicamente discapacitado por cualquier razón puede dificultar llegar al baño a tiempo.

Estreñimiento e incontinencia por rebosamiento
La causa más común de incontinencia fecal, de manera irónica, es el estreñimiento, el cual se define como evacuar con menor frecuencia que cada tres días, o el esfuerzo excesivo cuando se trata de evacuar. Mientras que muchas personas piensan que deberían tener por lo menos una evacuación al día, la frecuencia varía de una persona a otra. Si hay por lo menos tres evacuaciones a la semana sin esfuerzo, es probable que no exista estreñimiento.

Al igual que la incontinencia fecal, el estreñimiento es una señal de que hay un problema, no una enfermedad específica. Casi todos se estriñen en un momento o en otro. Los cambios en la rutina diaria, como viajar, o cambios en la dieta pueden alterar los hábitos intestinales, produciendo estreñimiento. Otras causas posibles de estreñimiento incluyen:
- falta de actividad física
- falta de fibra en la dieta
- embarazo y partos
- diabetes y otras enfermedades relacionadas con las hormonas
- ciertos medicamentos
- cirugía
- síndrome de intestino irritable
- hemorroides
- ignorar repetidamente el deseo de defecar
- enfermedades que afectan a los nervios, como la esclerosis múltiple, ataque vascular cerebral, demencia, y enfermedad de Parkinson
- prolapso rectal y rectocele

El estreñimiento crónico puede producir impactación fecal (heces impactadas) —una masa grande de heces secas y duras dentro del recto. La masa puede ser demasiado grande para pasar. Las heces impactadas, o atoradas, hacen que el músculo del esfínter anal interno se estire y se debilite. Heces acuosas provenientes de una porción más alta en el intestino se pueden mover alrededor de la masa y acumularse ahí. Este tipo de incontinencia se refiere como incontinencia por rebosamiento. Se puede parecer a la diarrea, pero los antidiarreicos sólo harán que el problema sea peor.

Síndrome de intestino irritable e incontinencia

El síndrome de intestino irritable (SII) se caracteriza por dolor abdominal o cólicos y cambios en el patrón intestinal, como evacuaciones acuosas o más frecuentes, diarrea y estreñimiento. Cerca de 20% de las personas con SII refiere incontinencia fecal.

No está claro por completo qué causa el SII, pero los síntomas parecen ser resultado de una alteración en la interacción entre el intestino, el cerebro y la parte del sistema nervioso que permite las respuestas involuntarias (sistema nervioso autónomo). El resultado es un colon que es más sensible y reactivo a cosas como el estrés y ciertos alimentos.

Más de una de cada cinco personas en Estados Unidos tiene SII. Para la mayoría de las personas, los signos y síntomas son leves. El estrés puede agravar los síntomas. El SII puede causar diarrea y estreñimiento frecuentes, ambos pueden provovar incontinencia. El SII puede también reducir la capacidad de almacenamiento y sensación en el recto.

Para algunas personas con SII, las contracciones musculares que mueven el alimento a través del tracto digestivo pueden ser más fuertes y más prolongadas de lo normal. El alimento se mueve por el intestino más rápido, lo que produce gas, distensión y diarrea. Este tipo de SII, llamado SII con predominio de diarrea, afecta sobre todo a los varones. Las mujeres son más propensas a tener el problema opuesto —el alimento pasa lento, y las heces se hacen duras y secas, lo cual produce estreñimiento. Esto se conoce como SII con predominio de estreñimiento.

Algunas personas tienen brotes alternantes de estreñimiento y diarrea. También se puede tener la sensación de pujo, urgencia o sensación de que no se pueden vaciar por completo.

Una visión alentadora

Muchas personas no son conscientes de que hay tratamientos efectivos disponibles para la incontinencia fecal. No se tiene que sufrir en silencio. Varias soluciones se enfocan en diversas causas de incontinencia. El tratamiento puede mejorar el control intestinal, y las estrategias para lidiar con ello pueden hacer que vivir con incontinencia sea más fácil.

Alentar el valor para admitir que se tiene incontinencia es el primer paso para manejarla. Los siguientes capítulos brindan información acerca de cómo obtener ayuda para la incontinencia fecal y de los diferentes tipos de tratamientos.

Cómo obtener ayuda
para la incontinencia fecal

Muchas personas que viven con incontinencia fecal por lo general llevan una carga adicional por la pena y el secreto. Se sienten avergonzadas de decirle al médico acerca del problema. Pueden no darse cuenta de que la incontinencia fecal es tratable, o han tenido una mala experiencia con un médico que no brindó soluciones útiles o atención compasiva.

Estas personas podrían intentar lidiar con el problema por sí mismas —comprando pañales de adultos, memorizando cada baño en un área dada, llevando un cambio de ropa cuando salen. Estas estrategias funcionan en cierto grado, pero si se confía sólo en ellas, se podría perder de los tratamientos efectivos. No obtener ayuda puede dar como resultado sufrimiento innecesario.

No se debe tener pena de hablar con el médico acerca de la incontinencia fecal. Muchos tratamientos (algunos de los cuales son muy sencillos) están disponibles y pueden mejorar, si no es que curar, la incontinencia. Casi todos pueden ayudar de alguna manera.

Dar el primer paso puede ser plantear algunos sentimientos difíciles. Es común sentirse avergonzado y ansioso. Muchas personas están enojadas o frustradas con la comunidad médica por la falta de compasión y comunicación acerca del tema. Estos sentimientos son normales, y está bien expresarlos.

Se debe tener en mente que para el médico la incontinencia fecal no es un problema personal o un reflejo de las capacidades, el control o el valor del paciente. Es un problema médico que se puede investigar y tratar. De manera ideal, el médico será su aliado conforme trabajen juntos para encontrar el mejor método para la condición.

Cómo elegir a un médico

Para obtener ayuda para la incontinencia fecal, el médico de atención primaria es un buen punto para empezar, aunque no todos están familiarizados con la evaluación y tratamiento de la incontinencia fecal. Es posible que se necesite ver a uno que se especialice en tratar condiciones que afecten al colon, recto y ano. Varios tipos de profesionales de atención a la salud y clínicas trabajan con personas que tienen incontinencia fecal. Éstos incluyen:

Gastroenterólogo. Está entrenado en tratar condiciones del tracto digestivo (gastrointestinal), incluyendo la incontinencia fecal. Si existe diarrea o síntomas digestivos además de la incontinencia, considere ver a un gastroenterólogo.

Cirujano colorrectal. Antes conocido como proctólogo, este tipo de médico brinda tratamiento quirúrgico y no quirúrgico para enfermedades que afectan al colon, recto, y ano.

Uroginecólogo (medicina pélvica femenina y especialista en cirugía reconstructiva). Es un ginecólogo que tiene un entrenamiento adicional de tres años en enfermedades y trastornos que afectan a la vejiga y pelvis de la mujer, incluyendo incontinencia fecal y urinaria.

Laboratorio de fisiología anorrectal. Esta instalación se especializa en evaluar a las personas con incontinencia fecal. El laboratorio tiene médicos entrenados y el equipo médico para realizar pruebas para investigar las posibles causas de la incontinencia fecal.

Qué esperar

Cuando se tiene una reunión con un médico para hablar acerca de incontinencia fecal, es importante sentirse cómodo. Todos tienen el derecho de ser tratados con dignidad y respeto. Si el médico parece menospreciar el problema, sugiere que use toallas o le dice que no hay mucho que se pueda hacer, busque a otro.

Pregunte acerca de la experiencia del médico en el tratamiento de la incontinencia fecal y del rango de tratamientos disponibles. No todos los médicos son conscientes de que el problema a menudo es corregible. Busque a uno que escuche sus preocupaciones, responda a sus preguntas y explique las cosas con claridad. Él debe mostrar preocupación acerca de cómo la incontinencia está afectando su calidad de vida.

Cómo evaluar la incontinencia fecal

La consulta inicial puede ayudar a establecer el grado y la frecuencia de la incontinencia y su impacto en la vida. Es probable que el médico pregunte múltiples aspectos relacionados con la salud y haga una exploración física, la cual puede ayudar a determinar la causa de la incontinencia y cuáles pruebas pueden necesitarse para confirmar el diagnóstico. Una comprensión exacta de la causa o causas de la incontinencia fecal es esencial para planear el tratamiento.

Historia del paciente

Para ayudar a descubrir qué podría estar causando la incontinencia fecal, es probable que el médico haga preguntas detalladas acerca de los síntomas, historia médica y estilo de vida. Una historia médica cuidadosa puede brindar diversas pistas acerca de los orígenes de la incontinencia. (Véase "Preguntas que le pueden hacer durante el examen" en la página 156.) Algunos médicos usan cuestionarios estandarizados o formas para reunir información y grado de intensidad de la incontinencia.

Las preguntas ayudan a determinar si existe incontinencia fecal real y qué tan grave es. Las preguntas esperadas son acerca de cuándo empezó la incontinencia, con qué frecuencia se presenta, si las heces son líquidas o sólidas, y si es consciente de la necesidad de ir al baño antes de que se presente la incontinencia. Le pueden pedir que describa los hábitos intestinales normales.

En el caso de una mujer, es probable que se pregunte acerca de la historia de partos, incluyendo la duración del trabajo de parto, cuánto pesaron los bebés, si hubo un bebé grande, si el parto necesitó fórceps o episiotomías, si hubo desgarros que necesitaron reparación, y cómo funcionó el intestino después del parto.

El médico también puede preguntar si existe incontinencia urinaria, debido a que la incontinencia fecal y urinaria están relacionadas algunas veces. Él querrá saber si hubo cirugías, lesiones o tratamiento con radiación en la región pélvica o alguna lesión en la espalda o en la médula espinal. También se preguntarán otras condiciones médicas, como diabetes, o síndrome de colon irritable.

Preguntas que pueden hacerle durante el examen

Durante la evaluación inicial para la incontinencia fecal, es probable que el médico haga muchas preguntas detalladas acerca de los hábitos intestinales. Aunque podría encontrar vergonzoso revelar tal información personal, esto puede ayudar a puntualizar qué está causando el problema y qué pruebas se pueden necesitar.

Esté preparado para responder las siguientes preguntas:

- ¿Cuándo empezó la incontinencia?
- ¿Con qué frecuencia pierde el control del intestino? ¿Qué pasa —se escapa una cantidad pequeña o grande de heces? ¿Es líquida o sólida? ¿Tiene algún aviso?
- ¿Siente cuando el recto está lleno? ¿Puede distinguir entre gas y heces? ¿Algunas veces piensa que está pasando gas y después se sorprende de encontrar que se han fugado heces?
- ¿Parece ser que algo, como la actividad física, enfermedad, estrés, o alimentos específicos produzca la incontinencia? ¿Algo parece mejorarla o empeorarla?
- ¿El problema ha empeorado con el tiempo? ¿Empezó después de un evento particular, como una cirugía o un parto?
- ¿Presenta incontinencia en ciertos momentos del día?

Se debe decir al médico acerca de cualquier medicamento que se esté tomando ya que algunos pueden causar o aumentar la frecuencia de la incontinencia intestinal. El médico puede también preguntar acerca de la dieta y cuánta cafeína se consume.

Es importante hablar acerca de cómo se está sobrellevando la incontinencia y cómo afecta la vida diaria, las relaciones y la autoestima. El médico debe saber si se han hecho ajustes en la conducta o al estilo de vida, como usar toallas, llevar un cambio de ropa o evitar salir para evitar la vergüenza de perder el control intestinal.

El médico puede pedir que se lleve un diario de síntomas y hábitos intestinales. (Véase la página 198 para un ejemplo de diario intestinal que puede copiar.) Algunos aspectos que podrían registrarse incluyen las evacuaciones, episodios de incontinencia, la consistencia de las heces, sensación de pujo, molestia o vaciamiento incompleto, y uso de enemas o laxantes.

¿Sucede sólo en la noche o durante el día? ¿Después de las comidas? ¿Después de una evacuación?

- Cuando siente la necesidad de evacuar, ¿cuánto puede esperar?
- Después de defecar, ¿siente como si hubiera heces dentro?
- ¿Cuáles son sus hábitos intestinales regulares? ¿Hubo cambios en los hábitos intestinales con los años?
- ¿Tiene diarrea o estreñimiento? ¿Tiene que pujar para que la evacuación salga? ¿Hay alguna molestia? ¿Tiene cólicos o sangre en las heces?
- ¿Presenta incontinencia urinaria?
- ¿Usa toallas u otros dispositivos para lidiar con la incontinencia? ¿Cómo están funcionando?
- ¿Usa algo para ayudarse a evacuar, como laxantes, enemas o supositorios?
- ¿Qué medicamentos está tomando?
- ¿Cuál es su dieta típica?
- ¿Cómo afecta la incontinencia su vida y cómo se siente consigo mismo?

Examen físico

Además de hablar con el paciente, el médico por lo general realiza una exploración física. Un cuidadoso examen físico puede identificar una lesión o un problema estructural en el área anal y rectal, como prolapso rectal, impactación fecal o rectocele. También puede ayudar a determinar si la incontinencia fecal es causada por otra enfermedad, como una úlcera o un tumor, o por daño nervioso provocado por enfermedades como diabetes o Parkinson.

Para revisar los signos de enfermedad o daño neurológico, se pueden revisar los reflejos, marcha y sentidos. El médico también podría palpar el abdomen. La inflamación, sensibilidad o dolor en esa zona podrían indicar gas, líquido o bloqueo de algún tipo en el colon.

Es necesaria una exploración rectal para evaluar la incontinencia fecal. Algunas personas consideran que este examen es incómodo e indigno. Pero la información que brinda es clave en el diagnóstico del problema.

El examen rectal empieza con una inspección visual del ano y el área entre el ano y los genitales, llamada periné. El médico busca materia fecal, hemorroides, enrojecimiento, cicatrización y signos de infección. Se separan con suavidad los glúteos, y se revisa el área del ano, abierto o cerrado, redondo o asimétrico, intacto o agrietado.

También se revisa la sensación en el área entre el ano y los genitales. Usando un alfiler, sonda o hisopo de algodón, el médico toca con suavidad varios puntos alrededor del ano para ver si se frunce —un reflejo de "parpadeo" que se presenta conforme se contrae el esfínter anal. Esta prueba ayuda a revisar el daño nervioso.

El médico también puede realizar un examen rectal digital (ERD). Se inserta un dedo enguantado con lubricante dentro del recto para evaluar la fuerza de los músculos del esfínter y para sentir hemorroides, crecimientos, desgarros, protrusiones o cicatrices. Este examen también puede por lo general identificar impactación fecal, una masa grande de heces secas y duras dentro del recto. La impactación puede producir incontinencia por rebosamiento, en la cual se acumulan heces acuosas alrededor de la masa dura. (Véase la página 46 para una ilustración del ERD.)

Durante el ERD, se pide al paciente que apriete los músculos alrededor del dedo del médico y que se incline como si estuviera tratando de evacuar. Esto puede ayudar a que el médico sienta si los músculos del esfínter rectal y el músculo puborrectal en el piso pélvico están funcionando —¿hay un tono muscular en reposo, se puede generar una presión extra, se pueden relajar los músculos, los músculos mantienen al colon y al recto en un ángulo adecuado?

El ERD también puede ayudar a identificar prolapso rectal, una condición en la cual el recto se sale del ano. Si el médico sospecha prolapso rectal, le podrían pedir al paciente que se siente erguido en un baño y que puje y se incline hacia delante mientras que inspeccionan el área anal.

Si se siente dolor durante el examen rectal se lo debe comunicar al médico. El examen puede ser incómodo pero no doloroso.

Pruebas para evaluar la incontinencia fecal

Usando los hallazgos de la historia médica y el examen físico, el médico podría determinar un diagnóstico y recomendar tratamiento conservador inicial, como cambios en la dieta, medicamentos o ingesta de líquidos, ejercicios simples del piso pélvico, o antidiarreicos. (Véase el

Capítulo 11 para más información acerca del tratamiento para la incontinencia fecal.)

Sin embargo, a menudo se requiere más información para señalar la causa de la incontinencia fecal y ayudar al plan de tratamiento. En este caso se puede hacer una cita para la realización de pruebas.

Hay disponibles varias pruebas para investigar de una forma más completa la incontinencia. Las pruebas de imagen brindan un panorama visual del colon inferior, recto y ano. Las pruebas funcionales valoran qué tan bien están funcionando estas partes del cuerpo. Las pruebas que se hacen dependen de los síntomas y de la información que el médico obtiene de la historia médica y del examen físico.

Manometría

También llamada manometría anal o manometría anorrectal, es la prueba usada con mayor frecuencia para evaluar la incontinencia fecal. La manometría se usa además en el tratamiento de biorretroalimentación. (Véase "Biorretroalimentación", en la página 57.)

Esta prueba mide la presión dentro del recto y los esfínteres anales. Revisa la fuerza de los músculos del esfínter anal y su capacidad para relajar y apretar en momentos adecuados. También evalúa la sensibilidad y función del recto.

La prueba se puede hacer en el consultorio del médico o en una clínica u hospital. Tarda de 30 minutos a una hora. Con el paciente acostado de lado, el médico inserta una sonda estrecha, flexible (parecida a la circunferencia de un termómetro rectal) dentro del ano y el recto. La sonda es pequeña, con un globo desinflado en la punta. Una vez que la sonda está en su lugar, se puede inflar el globo.

El globo siente la presión dentro del recto, el esfínter anal interno y el esfínter anal externo y transmite los datos a la computadora. Los resultados se muestran en una gráfica que se ve como la de un polígrafo. Las mediciones de presión se registran cuando el paciente está en reposo, aprieta y se inclina hacia delante como si tratara de evacuar. Una presión del esfínter anormalmente baja indica un problema con el músculo. La disminución de la presión cuando está en reposo o relajado sugiere un problema con el esfínter anal interno, y disminución de la presión al apretar sugiere que el esfínter anal externo no está funcionando de manera adecuada.

La manometría también se usa para revisar la sensibilidad en el recto. La capacidad para sentir las heces en el recto es muy importante para saber cuándo se necesita ir al baño. La prueba también evalúa qué tan bien se expande y se contrae el recto cuando las heces entran a él (distensibilidad rectal).

El médico puede pedirle al paciente que cierre los ojos conforme se infla el globo. Cuando el globo se infla con aire o líquido, el médico preguntará si se puede sentir. Se pregunta cuándo se nota la primera sensación en el recto, cuándo se siente el deseo de defecar y cuándo la sensación se empieza a hacer urgente. La computadora registra los cambios en la presión dentro del recto conforme el globo se expande a diferentes niveles. Esto refleja la capacidad del recto para estirarse.

En ocasiones se pueden hacer otras pruebas durante la manometría para valorar qué tan bien están funcionando los intestinos. Dos pruebas sencillas son la expulsión del globo y la infusión de sal.

Expulsión del globo. Esta prueba evalúa la capacidad básica de defecar —la capacidad del músculo puborrectal para relajarse y la coordinación de los músculos abdominales, del piso pélvico y del esfínter anal. La mayoría de las personas con incontinencia fecal son capaces de tener evacuaciones normales, pero aquellas cuya incontinencia fecal o fuga se debe a estreñimiento crónico y heces impactadas pueden tener problemas para expulsar las heces de manera normal. La prueba sólo consiste en expulsar el globo que se ha colocado en el recto.

Infusión salina. Esta prueba es significativa para "estresar" a los esfínteres anales por condiciones estimulantes similares a la diarrea. Se coloca una solución de agua salada u otra sustancia dentro del recto. La prueba muestra si los esfínteres son capaces de mantener continencia con el líquido en el recto. Las personas que no tienen incontinencia fecal por lo general retienen la mayor parte del líquido, pero las que la presentan, en particular aquellas cuya capacidad rectal está limitada o alterada, tienen fuga más rápido.

Ultrasonido

Esta técnica usa ondas de sonido para crear imágenes de los esfínteres anales interno y externo. El ultrasonido anal se usa para evaluar la estructura de los esfínteres anales y puede identificar defectos, cicatrización, adelgazamiento u otras anormalidades en estos músculos. Es un procedimiento sencillo, confiable y barato.

Conocida como ultrasonido, esta prueba de imagen se puede referir con varios nombres —ultrasonografía endoanal, ultrasonografía endo-

Si existe diarrea o estreñimiento

Si existe diarrea junto con incontinencia fecal, el médico podría pedir una muestra de heces. A ésta se le harán pruebas en el laboratorio para detectar bacterias u otros organismos que podrían estar causando una infección. El médico podría también querer examinar el recto y el colon usando una sonda de visión flexible, o visor para asegurarse de que la diarrea no es causada por inflamación en el colon o una masa dentro del recto. (Véase "Ver dentro del colon y el recto", en la página 162.)

Si se presenta estreñimiento continuo, el médico puede realizar estudios de tránsito colónico. Estas pruebas revisan si el contenido digestivo se está moviendo a través del colon de manera muy lenta. Para prepararse, se deben dejar de tomar laxantes tres días antes de la prueba. El procedimiento incluye deglutir una sustancia de contraste ligeramente radiactiva que sigue el trayecto de la boca al ano. Los marcadores se pueden ver en rayos X para mostrar cuánto tiempo tarda en viajar a través del tracto digestivo.

rrectal, ultrasonografía anorrectal y endosonografía. En una prueba de ultrasonido endoscópico, se coloca una sonda que emite ondas sonoras en la punta de un tubo flexible iluminado llamado endoscopio.

El tubo de ultrasonido, el cual está unido a una computadora y a una pantalla de video, se inserta a través del ano y en el recto. Las ondas rebotan en las paredes del recto y el ano, produciendo imágenes de video de estas estructuras internas. El médico puede ver cómo se mueven los músculos del esfínter y si alguna parte de ellos está desgarrada, ausente o muy delgada.

El ultrasonido anal es más útil para identificar lesiones del esfínter o defectos y descartar otros daños a nervios o músculos como la causa de la incontinencia. Si la historia médica sugiere que podría haber un desgarro u otro problema en los esfínteres anales, es probable que el médico recomiende esta prueba.

Electromiografía anal

Si los nervios que controlan a los músculos del esfínter anal están dañados, es posible que no funcionen de manera adecuada, lo cual produce incontinencia fecal. Ésta a menudo es el resultado de daño

Ver dentro del colon y el recto

El médico deseará usar un tubo de visión para tomar una vista más cercana del ano, el recto y el colon. Esto le permite ver signos de enfermedades y otros problemas, como inflamación, tumor, tejido cicatricial o prolapso rectal, que podrían causar incontinencia fecal. El médico buscará cambios en la cubierta del colon y el recto que podrían reflejar daño a nervios y músculos subyacentes. La exploración visual también es útil para evaluar diarrea, estreñimiento u otros cambios en los hábitos intestinales.

Se usan dos procedimientos para ver el colon y el recto, la proctosigmoidoscopia y la colonoscopia. Estas dos pruebas se refieren como endoscopia gastrointestinal inferior. La colonoscopia por lo general no es necesaria para evaluar la incontinencia fecal, pero el médico podría sugerirla si los síntomas apuntan a la posibilidad de cáncer colorrectal u otra enfermedad del colon.

Ambas pruebas usan un tubo largo, delgado con una pequeña videocámara y luz en la punta. El tubo está unido a un monitor de video. La cámara brinda una visión clara, detallada de la cubierta del colon y el recto. El médico puede ver sangrado, inflamación, crecimientos anormales y úlceras.

Para la proctosigmoidoscopia, el médico usa un tubo llamado sigmoidoscopio para examinar el recto y el colon sigmoides, y tal vez parte del colon descendente. (Véase la imagen en la siguiente página.) La colonoscopia se realiza usando un colonoscopio, un tubo que es lo suficientemente largo para inspeccionar la longitud total del intestino grueso y parte del intestino delgado.

El colon y el recto deben estar del todo vacíos durante estos procedimientos. La noche anterior, se pide que sólo se tomen líquidos claros, y no se podrá comer o beber nada después de la medianoche. Se limpian los intestinos tomando un laxante o con un enema.

La prueba se hace de manera ambulatoria en un hospital o en el consultorio del médico. Una proctosigmoidoscopia tarda de 10 a 20 minutos. Una colonoscopia tarda de 30 minutos a una hora. Para una colonoscopia se dan medicamentos pare relajar al paciente.

Para ambos exámenes, el paciente se coloca de lado en una mesa de exploración. El médico inserta con suavidad el visor bien lubricado dentro del recto y lo guía con lentitud hacia el colon. Se puede sentir como si se necesitara evacuar conforme avanza el tubo. Éste se puede usar para poner aire dentro del colon y el recto para inflarlos, lo cual permite una mejor visión de su recubrimiento. Se puede sentir cierto cólico o plenitud conforme esto pasa.

Si el médico descubre algo inusual en el colon, como un pequeño crecimiento en el recubrimiento del colon (pólipo) o tejido inflamado, se puede extirpar una parte usando instrumentos insertados dentro del tubo. La muestra de tejido (biopsia) se somete a pruebas en busca de anormalidades en las células.

Después de la prueba, se puede volver a la dieta y actividades usuales de inmediato. Se puede sacar gas o sentir ligera plenitud o cólicos. Estos síntomas por lo general desaparecen en el primer día.

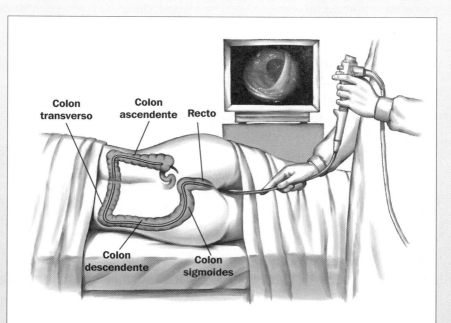

Colon transverso
Colon ascendente
Recto
Colon descendente
Colon sigmoides

Durante la colonoscopia, se inserta un tubo delgado, flexible dentro del recto y se avanza hacia el colon (intestino grueso). Las imágenes provenientes del interior del tracto gastrointestinal inferior aparecen en un monitor de video.

tanto de músculos como de nervios. Por ejemplo, el parto puede lesionar al nervio pudendo —el principal que inerva al esfínter anal externo- así como a los músculos del esfínter.

La electromiografía (EMG) anal puede valorar si el daño nervioso está causando o contribuyendo con la incontinencia fecal. La prueba es útil para personas que tienen enfermedad subyacente, como diabetes, que puede causar daño nervioso, o si el médico piensa que podría existir daño al nervio del piso pélvico por partos, cirugía o una lesión. Valorar el nivel de daño nervioso puede ayudar a determinar si la cirugía podría sea útil.

La EMG anal registra actividad eléctrica dentro de los músculos del esfínter anal. Para esta prueba se inserta dentro del ano una pequeña esponja que contiene un electrodo. Es similar a un examen rectal digital, con la adición del electrodo de esponja unido al dedo enguantado del médico. Conforme se aprietan y se relajan los músculos del esfínter, el electrodo registrará sus señales eléctricas.

Con menos frecuencia, la prueba se puede hacer con pequeños electrodos de aguja insertados en los músculos alrededor del ano. Pero el procedimiento con aguja no se realiza con frecuencia, debido a que es doloroso.

Estimulación del nervio pudendo

Esta prueba —llamada latencia terminal motora del nervio pudendo, o LTMNP— es similar a la EMG anal. Registra actividad eléctrica en el nervio pudendo para probar daño al nervio. Un nervio pudendo lesionado puede dar como resultado debilidad en los músculos del esfínter anal. La LTMNP se puede usar con ultrasonido anal o manometría para determinar si la incontinencia es causada por daño nervioso, muscular o ambos.

En esta prueba, al igual que con la EMG anal, se inserta un pequeño electrodo dentro del canal anal. El electrodo libera una corriente eléctrica leve hacia el nervio pudendo. Se mide el tiempo que tarda el músculo del esfínter en contraerse en respuesta a la corriente. Se puede sentir una ligera vibración durante la prueba.

Imagen de resonancia magnética

La imagen de resonancia magnética (RM) usa un magneto y ondas de radio para crear imágenes detalladas, en capas (transversales) de tejidos corporales —en este caso, de los músculos del esfínter anal y el área circundante. La RM es más cara que otras pruebas y puede no ofrecer ventajas sobre las pruebas como el ultrasonido anal. Una nueva forma de RM llamada RM dinámica ha mostrado ser prometedora en la evaluación de problemas con el piso pélvico, recto y ano.

Para una RM tradicional, el paciente se acuesta muy quieto en una mesa que está enrollada dentro de la abertura de un gran magneto en forma de túnel. Algunas máquinas de RM tienen un escáner abierto que no requiere que el paciente esté en un espacio cerrado.

Antes de la prueba se le administra al paciente un colorante de contraste por la vena (intravenosamente). El colorante muestra la respuesta de los tejidos corporales al hecho de estar en un campo magnético y permite que la máquina de RM cree imágenes del interior del cuerpo. Para obtener una imagen más clara de los esfínteres anales, se puede insertar un resorte delgado en el recto.

La RM dinámica crea una imagen en tiempo real del piso pélvico conforme se evacúa, lo cual permite que el médico vea anormalidades que se presentan con la defecación. Para esta prueba, el recto se llena con gel de ultrasonido, y mientras el paciente está acostado en la máquina de RM, saca el gel como si fueran heces. La máquina crea una serie de imágenes del proceso de defecación.

Investigación preliminar indica que la RM dinámica es útil para identificar problemas del esfínter anal y del piso pélvico, como prolapso rectal y rectocele.

Defectografía

Esta prueba muestra qué tanto y qué tan bien el recto puede contener las heces y qué tan bien funciona durante la defecación. Al igual que la RM dinámica, brinda una imagen visual de la dinámica de la defecación. La defecografía puede ser útil para evaluar sospecha de prolapso rectal u otros problemas o si hay inconvenientes para vaciar por completo el recto.

En este procedimiento, el médico inserta una cantidad pequeña de pasta de bario dentro del recto. El bario cubre las paredes del recto y lo hace visible en los rayos X. La pasta tiene una consistencia similar a la de las heces. El paciente se coloca en un asiento especialmente diseñado similar a un baño. El movimiento del piso pélvico se puede registrar en un video o rayos X en reposo, al toser, apretar o pujar para expulsar el bario del recto.

Cómo se usan las pruebas

Los resultados de las pruebas, junto con los síntomas y la historia clínica, ayudan al médico a desarrollar un diagnóstico y elegir un tratamiento adecuado; también le dan al médico mucho más información acerca de la apariencia y función de los intestinos.

Una vez que se han hecho las pruebas y el médico ha trabajado en el diagnóstico, el paciente y el médico pueden empezar a discutir un plan de tratamiento. Por fortuna, hay tratamientos efectivos disponibles para la incontinencia fecal que pueden mejorar la calidad de vida.

Cómo tratar la incontinencia fecal

Buscar ayuda para la incontinencia fecal es el primer paso en su manejo. El conocimiento del problema y trabajar con un médico que brinde simpatía y apoyo puede aliviar algunos de los sentimientos de aislamiento, vergüenza y depresión que muchas personas con incontinencia fecal experimentan.

Por fortuna, hay tratamientos eficaces disponibles para este problema. El tratamiento por lo general puede ayudar a restablecer el control intestinal o por lo menos reducir de manera sustancial la gravedad de los síntomas. Una meta importante del tratamiento es mejorar la calidad de vida. Varias estrategias para sobrellevarlo pueden hacer que sea más fácil vivir con incontinencia fecal.

El tratamiento depende de la causa de la incontinencia y de qué tan grave es; por lo general empieza con las opciones no quirúrgicas. Éstas pueden incluir cambio de la dieta, regular los hábitos intestinales, usar biorretroalimentación o tomar medicamentos. Para muchas personas, los tratamientos más simples brindan un alivio sustancial. Si los métodos conservadores no funcionan, se puede recomendar la cirugía.

Debido a que la incontinencia a menudo es resultado de más de una causa, se puede necesitar más de un tratamiento para control intestinal exitoso. El médico también se puede enfocar en cualquier condición médica que podría estar contribuyendo con la incontinencia, como heces impactadas, demencia, problemas neurológicos, enfermedad inflamatoria intestinal e intolerancia a la lactosa.

Tratamientos conductuales

Tratar la incontinencia fecal a menudo empieza con pasos para modificar la conducta y los hábitos. Estos métodos conductuales pueden ser todo lo que se necesita para tener la incontinencia bajo control, o se pueden combinar con otros tratamientos. Algunos estudios han concluido que el tratamiento conservador no sólo ayuda con la incontinencia fecal sino también mejora la calidad de vida, el bienestar psicológico y la función del esfínter anal. También se puede sentir más control al desarrollar mejores estrategias para lidiar con los episodios de incontinencia que se puedan presentar.

Dieta

La dieta tiene un efecto principal en la función intestinal. Lo que se come y bebe afecta la consistencia de las heces y qué tan rápido pasen a través del sistema digestivo. Los cambios en la dieta pueden mejorar las evacuaciones y hacer que sean más predecibles.

El médico ayudará a elegir una dieta que ayude a lograr una buena consistencia de las heces. También será deseable evitar alimentos que irriten al sistema. Los siguientes son algunos de los factores dietéticos que pueden afectar el control intestinal.

Fibra. Los alimentos que tienen alto contenido en fibra pueden ayudar a mejorar la consistencia de las heces, haciéndolas más blandas, con más volumen y más formadas. Un excremento voluminoso, suave, es más fácil de expulsar que uno que es duro y pequeño. Las heces formadas son también menos susceptibles de fugarse que las acuosas. Una dieta rica en fibra promueve evacuaciones más frecuentes y regulares y puede ayudar a controlar el estreñimiento y la diarrea.

La fibra incluye todas las partes de los alimentos vegetales que el cuerpo no puede digerir o absorber. Se encuentra sobre todo en frutas, verduras, granos enteros y leguminosas.

La fibra insoluble no se disuelve en agua. Se mueve a través del sistema digestivo de manera rápida, haciendo que las heces tengan más volumen. Se encuentra en los plátanos, arroz integral, tapioca, pan de grano entero, papas, puré de tomate, queso, yogur, pasta y avena. La fibra soluble se disuelve en el agua para formar un material blando semejante al gel en los intestinos. Este tipo de fibra se encuentra en el salvado de avena, frijoles, cebada, nueces, semillas, lentejas, chícharos, manzanas, cítricos y zanahorias.

Entonces, ¿qué tanta fibra se debe comer? Los expertos recomiendan 20 a 30 gramos al día, pero agregar demasiada fibra a la dieta puede causar distensión, gas o diarrea. Demasiada fibra insoluble también puede contribuir con la diarrea. Si comer más fibra parece empeorar la diarrea, se debe reducir a dos raciones de frutas y verduras al día. Quitar la piel y las semillas de los alimentos también puede ayudar.

Cuando se incrementa el consumo de fibra, es importante tomar mucha agua. La fibra funciona menor cuando absorbe agua. Sin suficientes líquidos, las heces se endurecen y se puede producir estreñimiento.

Buenas fuentes de fibra incluyen frutas y verduras secas o cocidas, panes y cereales de grano entero, arroz integral, y frijoles y chícharos. Otras fuentes de fibra dietética se presentan en "Alimentos con alto contenido en fibra" en las páginas 170-171.

También se puede reforzar la ingesta de fibra con suplementos, los cuales ayudan a mover el agua hacia el intestino y empujar las heces hacia el recto. Pueden ser útiles para algunas personas, pero es posible que empeoren la diarrea o la incontinencia en otras. Los suplementos tampoco brindan las vitaminas y otros nutrientes que se encuentran en alimentos con alto contenido en fibra. Hable con el médico acerca de si un complemento es adecuado para usted.

Aumentar la ingesta de fibra no es útil para todos. Los adultos mayores que son inactivos pueden tener más problemas con la incontinencia si consumen una dieta con alto contenido en fibra. Para las personas con estreñimiento que se debe a un sistema digestivo lento, demasiada fibra puede causar distensión y dolor abdominal.

Alimentos y bebidas con cafeína. El café y otros alimentos y bebidas que contienen cafeína pueden actuar como laxantes, causando diarrea o necesidad urgente de ir al baño. Reducir el consumo de cafeína, en especial después de los alimentos, puede ayudar a reducir la sensación de urgencia y la diarrea. Una lista de alimentos que pueden empeorar la incontinencia fecal aparece en las páginas 190-191 del Apéndice.

Cantidad y horario de los alimentos. En algunas personas, los alimentos abundantes pueden causar contracciones intestinales que producen diarrea. Esto se puede evitar comiendo varias comidas pequeñas a lo largo del día en lugar de tres grandes. En general, comer alimentos bien balanceados en horarios constantes ayudará con la regularidad intestinal.

Líquidos. Para evitar la deshidratación y mantener las heces blandas y formadas, se debe tomar abundante agua y otros líquidos. Los

Alimentos con alto contenido en fibra

A continuación se muestra el contenido de fibra de alimentos comunes. Lea las etiquetas nutricionales y encuentre cuánta fibra contienen sus alimentos favoritos.

Frutas	Tamaño de la ración	Fibra total (gramos)
Pera	1 mediana	5.1
Frambuesas	½ taza	4.0
Higos, secos	2 medianos	3.7
Mora azul	1 taza	3.5
Manzana, con piel	1 mediana	3.3
Duraznos, secos	3 mitades	3.3
Naranja	1 mediana	3.1
Fresa	1 taza	3.0
Albaricoque, seco	10 mitades	2.6
Pasas	45 g	1.6

Granos, cereales y pastas	Tamaño de la ración	Fibra total (gramos)
Espagueti, trigo entero	1 taza	6.3
Cereal de trigo	¾ taza	5.3
Avena	1 taza	4.0
Pan, centeno	1 rebanada	1.9
Pan de trigo entero	1 rebanada	1.9
Pan, de grano mixto	1 rebanada	1.7
Pan, de trigo molido	1 rebanada	1.4

líquidos ayudan a que los alimentos se muevan a través del sistema digestivo y evitan el estreñimiento.

Intente tomar ocho vasos de 250 mL de agua al día (a menos que exista una condición médica que requiera que se restrinja el consumo de líquidos). Evite las bebidas que contengan cafeína, el alcohol, la leche y las bebidas carbonatadas si encuentra que contribuyen con la diarrea.

Si hay propensión a la diarrea o a sentir la urgencia de usar el baño, se puede tranquilizar al sistema digestivo al tomar líquidos en diferen-

Leguminosas, nueces y semillas	Tamaño de la ración	Fibra total (gramos)
Lentejas	1 taza	15.6
Frijoles negros	1 taza	15.0
Frijoles cocidos, en lata	1 taza	13.9
Habas	1 taza	13.2
Almendras	24 piezas	3.3
Pistaches	47 piezas	2.9
Cacahuates	28 piezas	2.3
Anacardo	18 piezas	0.9

Verduras	Tamaño de la ración	Fibra total (gramos)
Chícharos	1 taza	8.8
Alcachofa, cocida	1 mediana	6.5
Coles de Bruselas	1 taza	6.4
Apio, hervido	1 taza	5.0
Papas, cocidas sin piel	1 mediana	4.4
Maíz	1 taza	4.2
Brócoli, crudo	1 ramo mediano	4.0
Palomitas de maíz, de sartén	3 tazas	3.6
Pasta de tomate	$\frac{1}{4}$ taza	3.0
Espinaca, cocida	1 taza	2.0
Zanahoria	1 mediana	1.8

Fuente: *Department of Agriculture, National Nutrient Database for Standard Reference*, 2004

tes momentos de la comida. Por ejemplo, tomar un vaso con agua u otra bebida antes o después de la comida pero no con la misma.

Medicamentos que pueden causar incontinencia fecal

Algunos medicamentos que se toman para otras condiciones pueden contribuir con la incontinencia fecal. El médico podría sugerir un cambio de medicamentos si están causando diarrea, estreñimiento o incontinencia. Pero se debe asegurar que el médico sepa de cualquier medicamento y suplemento de vitaminas y minerales que el paciente esté

Cómo controlar el gas

Incluso aunque el control intestinal mejore, se puede escapar gas. Esto es normal, todos tienen gas en el tracto digestivo. Al igual que con la incontinencia, los cambios en la dieta pueden ayudar a controlar el exceso de gas.

El gas en el tracto digestivo proviene de dos fuentes principales: aire deglutido y la degradación normal de alimento no digerido en el intestino grueso. La mayoría de los alimentos que contiene carbohidratos puede producir gas. Los alimentos que producen gas incluyen:

- frijoles
- algunas verduras, como los espárragos, brócoli, calabacitas, coles de Bruselas, coliflor, pepinos, pimiento verde, cebollas y rábanos
- algunas frutas, como las manzanas, duraznos y peras
- granos enteros y salvado
- bebidas carbonatadas
- leche y lácteos
- comidas empaquetadas hechas con lactosa, como el pan, cereal, y aderezos de ensaladas
- alimentos con sorbitol, como los dulces y gomitas sin azúcar.

tomando. Se evaluarán los posibles efectos en la continencia. (Una lista de medicamentos que pueden contribuir con la incontinencia fecal o empeorarla aparece en las páginas 194-195 del Apéndice.)

Regulación y control intestinal

Establecer hábitos intestinales regulares es un método sencillo que puede hacer una gran diferencia en el manejo de la incontinencia. Reestrenar el intestino puede ayudar a algunas personas a volver a aprender cómo controlar sus intestinos. También puede ayudar a restablecer la fuerza muscular si la incontinencia se debe a falta de control del esfínter anal o disminución de la consciencia del deseo de defecar.

Un programa de entrenamiento intestinal incluye varios pasos y estrategias enfocados en producir evacuaciones regulares. En algunos casos, el entrenamiento intestinal significa ir al baño a horarios establecidos del día; en otros, incluye terapia de ejercicios.

Los alimentos que son más susceptibles de formar gas fétido incluyen alcohol, espárragos, frijoles, calabaza, pollo, café, pepinos, lácteos, huevos, pescado, ajo, nueces, cebollas, ciruelas y rábanos.

Si el gas es un problema, suspenda un alimento diario por una semana o más para identificar cuál(es) podría(n) causar gas o afectar su olor. Muchos de los alimentos que causan gas como las frutas, verduras, y granos enteros, son partes importantes de una dieta saludable, por lo tanto la solución no es eliminar todos a la vez. Experimente encontrar cuánto de estos alimentos puede soportar. Además, varios medicamentos de venta sin receta pueden ayudar a reducir los síntomas. Éstos incluyen antiácidos con simeticona y tabletas de carbón activado. Si tiene problemas con la leche y otros lácteos, la enzima lactasa puede ayudar a digerir la lactosa, el azúcar presente en la leche. La lactasa está disponible en forma de líquido o tableta, o se puede comprar leche y otros productos reducidos en contenido de lactosa.

Algunas personas logran el control intestinal al hacer un esfuerzo consciente para tener evacuaciones en horarios específicos del día, como después de cada alimento. Esto ayuda a lograr un mayor control al establecer cierta predicción acerca del momento en que se va al baño. Puede ser en especial útil para personas cuya incontinencia fecal es causada por el estreñimiento.

Antes de empezar un programa de entrenamiento intestinal, el médico querrá asegurarse de que no exista impactación fecal. Las heces impactadas se deben evacuar antes de que el entrenamiento intestinal pueda funcionar. (Véase "Cómo tratar la impactación fecal" en la página 175.)

Para ayudar a desarrollar un patrón regular de evacuaciones, considere estos consejos:

Establezca un horario para evacuar. Elija momentos que sean convenientes para usted, tenga en mente el esquema diario y los patrones de eliminación anteriores. El mejor momento para una evacuación es 20 a 30 minutos después de la comida debido a que comer estimula la actividad intestinal y es más probable que el recto esté lleno, incluso si no se siente la necesidad de evacuar. La meta es establecer una rutina y tiempo predecible de eliminación —la misma hora todos los días.

- Si hay estreñimiento o síndrome de intestino irritable, podría pasar algún tiempo antes de que se pueda ir al baño "a demanda". Para establecer una rutina, trate de sentarse en el baño durante unos minutos, incluso si no se siente la necesidad de ir o si en realidad no tiene una evacuación. Con la práctica los intestinos se pueden estimular para trabajar con más efectividad. Sin embargo, sentarse por mucho tiempo puede contribuir con el desarrollo de hemorroides. Si no se tiene éxito después de algunos minutos, por lo general es mejor levantarse y caminar un poco, después intentarlo otra vez.
- Algunas personas encuentran útil tomar una bebida caliente o calentar jugo de ciruela para estimular una evacuación.
- El médico podría recomendar que trate de estimular una evacuación al insertar un dedo lubricado dentro del ano. Mueva el dedo en una forma circular hasta que el esfínter muscular se relaje. Esto puede tomar unos minutos.
- Algunas personas pueden necesitar usar supositorios, enemas, laxantes o una combinación de éstos para estimular una evacuación. Estas medidas se deben usar sólo bajo consejo del médico. Es mejor usar la última estimulación que sea efectiva.
- Intente relajarse cuando esté en el baño y asuma una posición que sea conductiva para la defecación. Evite pujar.

La persistencia y la consistencia son las claves para el éxito con este método. Puede tomar un tiempo formar un patrón regular. Trate de no frustrarse y rendirse si no sucede rápido. La mayoría de las personas puede lograr evacuaciones dentro de algunas semanas de empezar el programa intestinal.

El entrenamiento se debe ajustar a la condición en particular. Por ejemplo, si hay prolapso rectal o rectocele, el enfoque podría se reducir el número de intentos de tener una evacuación y dejar de pujar en exceso. En este caso, se podría aconsejar intentar tener una evacuación no más de tres veces al día.

Ejercicios del piso pélvico. No importa cuál sea la causa de la incontinencia fecal, el médico podría recomendar ejercicios para fortalecer el piso pélvico y el esfínter y los músculos rectales (ejercicios de Kegel). Estos ejercicios se pueden combinar con otros tratamientos y se

Cómo tratar la impactación fecal

Si se presenta una masa de heces duras en el recto (heces impactadas), la primera línea de tratamiento es eliminarla. Si tomar laxantes o usar enemas no ayuda a expulsar la masa, el médico podría tener que ayudar a removerla. Para hacerlo, el médico inserta uno o dos dedos dentro del recto y rompe el excremento impactado en fragmentos que se pueden expulsar después.

Después de que se expulsa el excremento impactado, el médico podría sugerir varios pasos para evitar el estreñimiento, como aumento de la ingesta de fibra y líquidos, y aumentar la actividad física. Otros posibles remedios incluyen los laxantes leves, ablandadores de las heces, enemas y supositorios.

usan como parte del tratamiento de biorretroalimentación. El entrenamiento de los músculos del piso pélvico se describe con detalle en la página 191 del Apéndice.

Biorretroalimentación

Es una forma de dar retroalimentación visual, auditiva, o verbal acerca de una función corporal, como una actividad muscular, que de manera normal no se percibe. Como un tratamiento para la incontinencia fecal, la biorretroalimentación se usa para ayudar a fortalecer y coordinar a los músculos involucrados en contener las heces. También puede mejorar la capacidad para sentir la presencia de heces en el recto.

Muchas personas con incontinencia fecal ganan por lo menos cierto beneficio con la biorretroalimentación. La técnica puede ser útil si la incontinencia se debe a músculos débiles del esfínter, alteración de la sensación rectal, estreñimiento crónico o daño nervioso por la diabetes, partos o cirugía. Pero las personas con incontinencia fecal grave o enfermedades neurológicas subyacentes pueden ser menos susceptibles de tener un beneficio. Además, es posible que la biorretroalimentación no sea un tratamiento útil para personas sin ninguna o poca sensibilidad rectal.

Debido a que la biorretroalimentación es segura y efectiva, a menudo se recomienda antes de considerar el tratamiento quirúrgico. Si la biorretroalimentación funcionará para el paciente depende de la causa de la incontinencia y de qué tan grave es el daño muscular o neurológico. El éxito también depende de la motivación propia y de la experiencia del terapista en biorretroalimentación.

Actividad física y salud intestinal

Una forma de mantener a los intestinos en movimiento es seguir moviendo el cuerpo. El ejercicio físico regular estimula la actividad de los músculos intestinales, lo cual ayuda a mover el desecho de alimentos a través de los intestinos. La falta de actividad física es una causa común de estreñimiento en los adultos mayores y personas cuya movilidad está limitada debido a ataque vascular cerebral, lesión espinal u otra condición médica.

Permanecer físicamente activo puede ayudar a promover evacuaciones regulares y ayudar a prevenir el estreñimiento. Pero si es propenso a diarrea o tiene problemas para contener las heces, la actividad física vigorosa —en particular después de las comidas o poco después de despertar en las mañanas— puede producir incontinencia.

Use un diario de síntomas intestinales (véanse las páginas 198-199) para registrar si algún ejercicio y cuál de ellos desencadena los episodios de incontinencia. Podría necesitar ejercitarse a una hora diferente del día o elegir actividades más moderadas.

Técnicas. Una técnica de biorretroalimentación incluye volver a insertar un tubo sensible a la presión dentro del canal anal. El tubo registra la fuerza y la actividad del músculo del esfínter anal conforme se contrae alrededor del tubo. El practicante le enseñará cómo apretar los músculos anales alrededor del tubo. Puede practicar las contracciones del esfínter y aprender a fortalecer sus propios músculos al ver el lector de la escala como un apoyo visual o al escuchar respuestas de audio para las contracciones musculares. La retroalimentación acerca de cómo funcionan los músculos ayuda a asegurar que se están haciendo bien los ejercicios y muestra si los músculos se están fortaleciendo.

Otra técnica de biorretroalimentación usa equipo de manometría para variar la presión en el recto (para más información acerca de la manometría, véase la página 159). En este procedimiento, se inserta un tubo con un globo desinflado en el recto. El practicante inflará entonces el globo a varios niveles, entrenando al paciente para detectar cantidades más pequeñas de heces en el recto a través del uso de retroalimentación. Otra técnica usa tres globos y enseña al paciente a responder a la sensación en el recto de apretar de una manera inmediata y forzada el músculo del esfínter anal.

Resultados. Un programa típico de retroalimentación requiere cuatro a seis sesiones. Algunas veces, una sesión es todo lo que se necesita. La mayoría de las personas ven una mejoría en sus síntomas después de tres sesiones.

Para los mejores resultados, es importante que se sienta cómodo con el terapista de retroalimentación. Se puede obtener el tratamiento en una clínica de biorretroalimentación, en el consultorio del médico o en el consultorio de un terapista entrenado en biorretroalimentación. Éste probablemente empezará haciendo varias preguntas acerca de los hábitos intestinales y los antecedentes. El terapista también puede brindar apoyo, consejo y educación acerca de los hábitos intestinales.

Además de entrenarlo para usar los músculos del esfínter, el terapista puede también enseñar técnicas para una adecuada defecación y de relajación, debido a que muchas personas con incontinencia fecal se ponen ansiosas cuando sienten la necesidad de ir al baño.

Estrategias para lidiar con el problema

Algunas veces, la incontinencia fecal tarda en mejorar o se debe a un problema que no se puede corregir por completo. Es posible que no pueda evitar tener un episodio de incontinencia algunas veces. Tener un plan para estos momentos ayuda a reducir los sentimientos de temor, vergüenza, enojo, aislamiento, humillación y soledad.

El temor de tener un accidente puede evitar que quiera salir en público, trabajar o asistir a eventos sociales. Para superar este temor, intente estos pasos prácticos:

- Vaya al baño antes de salir.
- Si piensa que es posible un episodio mientras está fuera, use toallas o ropa interior desechable.
- Lleve provisiones para limpieza y un cambio de ropa.
- Localice los baños públicos antes de que los necesite para asegurarse de que pueda llegar a ellos con facilidad.
- Sea flexible con sus planes. Si no se siente cómodo saliendo de la casa un día en particular, cambie de plan a otro día.

Productos de autocuidado. Los productos como las toallas absorbentes y ropa interior desechable pueden ayudar a manejar mejor la incontinencia, aunque es posible que sea difícil aceptar que se necesitan. Se pueden comprar productos para la incontinencia en farmacias, supermercados, tiendas de artículos médicos o por la red.

Cómo cuidar a alguien con incontinencia fecal

Si cuida a alguien con incontinencia fecal, intente dar apoyo y no criticar. Considere estos consejos:

- Vaya regularmente al baño con su ser querido, para ayudarlo a evitar un accidente.
- Asegúrese de que la ropa sea fácil de abrir y quitar.
- Coloque un cómodo cerca de la cama.
- Use colchones y cubrecamas lavables.
- Use ropa interior absorbente y sábanas lavables.
- Limpie la piel alrededor del área anal de la persona inmediatamente después de un episodio de incontinencia. Siga las sugerencias de esta página para mantener el área anal limpia y seca.

Si usa toallas o pañales para adulto, asegúrese de que tengan una capa absorbente protectora en la parte superior. Los productos con esta capa resguardan la piel al alejar las heces y la humedad y llevarlos hacia el interior del pañal.

Aliviar la molestia anal. La piel alrededor del ano es delicada y sensible. La diarrea, el estreñimiento o el contacto entre las heces y la piel pueden causar dolor o comezón. Considere las siguientes prácticas para aliviar la molestia anal y eliminar el posible olor asociado con la incontinencia fecal:

- Lave con agua. Lave con suavidad el área alrededor del ano con agua simple después de cada evacuación, ya sea usando papel higiénico mojado, bañando o sumergiendo en una tina. El jabón puede secar la piel, lo cual empeora la irritación. Evite frotar con una papel higiénico seco. Las toallitas prehumedecidas sin alcohol son una buena elección para limpiar el área.
- Seque con mucho cuidado, permita que el área se seque al aire libre después de lavar. Si no tiene tiempo, dé palmaditas suaves en el área con papel higiénico seco o con una esponja limpia. Usar una secadora de pelo también puede ayudar, pero asegúrese de que esté con el aire frío.
- Aplique crema o polvo. Use una crema barrera para la humedad para evitar que la piel irritada esté en contacto directo con las heces. Pida al médico que le recomiende un producto. Asegúrese de que el área

esté limpia antes de aplicar la crema. También se puede probar con talco no medicado o almidón de maíz para aliviar la molestia anal.

- Use ropa interior de algodón y prendas holgadas. Las ropas ajustadas pueden restringir el flujo de aire y empeorar los problemas anales. Cambie la ropa sucia tan pronto como sea posible.
- Si le ayuda a sentirse más cómodo, considere usar un desodorante.

Medicamentos

Los medicamentos pueden ser una parte del plan de tratamiento para la incontinencia fecal si hay evacuaciones sueltas, acuosas o diarrea, o si el estreñimiento crónico causa la incontinencia fecal. El médico intentará identificar y tratar el trastorno subyacente que está causando la diarrea o el estreñimiento. Si no se puede encontrar o corregir el trastorno, se podría dar un medicamento que alivie los signos y síntomas y restablezca el control intestinal.

Medicamentos para prevenir la diarrea

Como primer paso en el tratamiento de la diarrea o heces sueltas, el médico podría recomendar que incluyera más alimentos con alto contenido en fibra en la dieta o que tomara un antidiarreico de venta sin receta. Los ablandadores de las heces también pueden ayudar porque hacen las heces más voluminosas y menos líquidas.

El antidiarreico utilizado con más frecuencia en el tratamiento de la incontinencia fecal es loperamida, el cual también está disponible sin prescripción. La loperamida reduce la actividad intestinal, disminuyendo la frecuencia de las heces y haciéndolas más formadas. El medicamento tiene el beneficio agregado de aumentar la sensibilidad rectal y anal, lo cual también mejora el control intestinal. Tomar loperamida antes de salir a comer o de una ocasión social puede ayudar a evitar un episodio de incontinencia en público.

El médico puede ayudar a determinar la dosis adecuada de loperamida. Los efectos secundarios por lo general son leves pero pueden incluir estreñimiento, cólicos abdominales, boca seca y náusea.

Otros antidiarreicos que algunas veces se utilizan para tratar la incontinencia fecal incluyen difenoxilato, difenoxina, y alosetrón.

Medicamentos para el estreñimiento

Si el estreñimiento crónico causa incontinencia, el médico podría recomendar el uso temporal de laxantes leves, como la leche de magnesia, para ayudar a restablecer las evacuaciones normales. Para evitar la impactación fecal, el médico podría recomendar un suplemento ablandador de las heces.

El medicamento de prescripción tegaserod se puede usar como tratamiento a corto plazo para mujeres con síndrome de intestino irritable que tienen estreñimiento como su principal problema intestinal, o para aquéllas menores de 65 años de edad que tienen estreñimiento crónico.

Otros medicamentos

En la actualidad no hay medicamentos aprobados de manera específica para el tratamiento de la incontinencia fecal; los que se utilizan para tratar la enfermedad inflamatoria intestinal algunas veces se usan para controlar la incontinencia fecal. Otros medicamentos, incluyendo los descongestionantes nasales, gel de fenilefrina y el antidepresivo amitriptilina, se están estudiando por sus efectos en la incontinencia fecal. Si tiene alguna pregunta acerca de los medicamentos, hable con el médico.

Cirugía

La mayoría de las personas con incontinencia fecal no necesita cirugía. Pero si los otros tratamientos no tienen éxito y la incontinencia continúa siendo grave y discapacitante, se pueden considerar las opciones quirúrgicas. La cirugía puede ser útil para personas cuya incontinencia es causada por daño al piso pélvico, canal anal o esfínter anal, tal vez por un desgarro durante el parto, una fractura o una cirugía previa.

Se pueden hacer varios procedimientos quirúrgicos, desde reparaciones de las áreas dañadas hasta cirugías complejas para reemplazar el esfínter anal con uno artificial o con músculo de otra parte del cuerpo. La cirugía para tratar la incontinencia fecal no está libre

Cómo tratar la doble incontinencia

Muchas personas experimentan incontinencia tanto urinaria como fecal, o doble incontinencia. Las dos condiciones se pueden originar por las mismas causas, incluyendo daño muscular y nervioso por partos, años de pujo para poder evacuar, debilidad muscular por el envejecimiento y enfermedades que causan daño nervioso.

Si se presenta incontinencia urinaria y fecal combinadas, podría ser necesario ver a más de un médico o encontrar a uno que tenga experiencia en ambas áreas. Podría ser un ginecólogo, uroginecólogo, urólogo, cirujano de colon y recto, o gastroenterólogo.

El tratamiento para la doble incontinencia por lo general empieza con métodos conductuales, incluyendo ejercicios para los músculos del piso pélvico, entrenamiento vesical e intestinal y biorretroalimentación. La cirugía se puede recomendar para reparar un defecto del esfínter anal y problemas del piso pélvico. En estudios anteriores de un nuevo tratamiento, la estimulación del nervio sacro (véanse las páginas 184-185) muestra cierta promesa para las personas que tienen incontinencia fecal junto con incontinencia urinaria de urgencia.

de complicaciones, pero a menudo es efectiva en ciertos casos de incontinencia fecal.

Esfinteroplastía

Es la cirugía para reparar un esfínter anal dañado o debilitado. Es el procedimiento quirúrgico más común utilizado para tratar la incontinencia fecal. La cirugía es efectiva para personas que tienen un solo sitio de lesión del esfínter anal, como un desagarro que se presentó durante un parto vaginal. Un desgarro o interrupción en el anillo de músculos que constituyen el esfínter anal externo evita que se cierre con suficiente fuerza para contener las heces dentro.

Durante la esfinteroplastía, el cirujano identifica el área de músculo lesionada y libera sus bordes del tejido circundante. Los bordes musculares después se llevan hacia atrás y se suturan juntos en una forma superpuesta para crear un anillo de músculo completo, reestableciendo el ano a su forma adecuada. Esto fortalece el músculo y aprieta el esfínter.

Un cirujano de colon y recto, uroginecólogo o un cirujano ginecológico por lo general es quien realiza esta cirugía. Es probable que el paciente esté en el hospital por varios días y puede pasar un mes o más antes de que regrese a sus actividades usuales. Usará un catéter para orinar durante los primeros dos días.

Durante el periodo de recuperación, se podría presentar molestia, moretones e hinchazón en el sitio quirúrgico. Es importante seguir con cuidado las instrucciones para limpiar y cuidar la herida para evitar infecciones.

Se han informado índices de éxito de hasta 80% con la esfinteroplastía, y cerca de dos tercios de las personas que se han sometido a la operación logran un beneficio sustancial. Pero los índices de éxito a largo plazo son menores, 50 a 60%, en particular cuando está involucrada lesión nerviosa. Más de la mitad de las personas que se han sometido a esta cirugía presentan incontinencia otra vez, requieren cirugía adicional o desarrollan otros problemas intestinales.

Incluso cuando la cirugía es exitosa, es posible que no se tenga un control intestinal total. El médico podría sugerir tratamiento con biorretroalimentación después de la cirugía para ayudar a lograr un mejor control del esfínter anal.

Esfínter artificial

Si la esfinteroplastía no mejora la incontinencia fecal, o si el daño al músculo del esfínter anal y a los nervios es extenso —lo cual deja un esfínter con poca o nula función— un cirujano puede crear un nuevo esfínter. Esto se hace ya sea insertando un esfínter artificial o envolviendo un músculo tomado del muslo alrededor del esfínter.

El esfínter artificial consta de tres partes: un manguito inflable que se envuelve alrededor del ano, un globo regulador de presión y una bomba de control que infla el manguito. Cuando se infla, el manguito mantiene el esfínter anal contraído hasta que está listo para defecar. Una sonda pequeña conecta el manguito al globo, el cual está implantado por debajo de los músculos abdominales. El globo contiene líquido que mantiene el manguito inflado.

Para ir al baño se usa una pequeña bomba externa para desinflar el manguito y permitir que salgan las heces. La bomba, la cual está conectada por otra pequeña sonda al globo regulador de presión, se coloca en los labios si es una mujer y en el escroto si es un varón. Cuando se aprieta la bomba, el líquido se mueve hacia fuera del manguito en dirección al globo. Después de unos minutos el líquido vuelve a llenar lentamente el manguito, lo cual cierra el esfínter.

Para evitar problemas con la curación de la herida el manguito no se desinfla hasta varias semanas después de la cirugía. La mayoría de las personas muestra mejoría en el control intestinal después de la colocación de un esfínter artificial. Pero todavía se desconoce la efectividad a largo plazo, y el índice de complicaciones después de la cirugía es alto. La infección es el problema más común e importante, y es posible que se necesite retirar el dispositivo si se presenta infección.

Graciloplastía dinámica

Al igual que la cirugía del esfínter artificial, la graciloplastía dinámica reemplaza el músculo del esfínter anal dañado. En lugar de insertar un esfínter artificial, el cirujano usa músculo proveniente de otra parte del cuerpo para sustituir el esfínter dañado. El procedimiento se puede recomendar para personas con un esfínter que no funciona debido a lesión muscular o nerviosa.

El nombre de la cirugía proviene del músculo que se transfiere, el músculo recto interno (gracilis), el cual está en la parte interior del muslo. En ocasiones, se usa en su lugar músculo proveniente de los glúteos o del antebrazo. Durante el procedimiento, se extirpa parte del músculo recto interno y se envuelve alrededor del ano, como un cabestrillo. Debido a que el músculo trasplantado no se puede contraer o relajar, se implanta una batería conectada por electrodos al músculo para controlarlo. Esto evita que las heces se fuguen. Cuando se tiene el deseo de evacuar, se puede apagar la estimulación eléctrica usando un dispositivo magnético externo.

Cerca de 50 a 70% de las personas que se someten a esta cirugía refieren mejoría en el control intestinal. Al igual que el esfínter artificial, la graciloplastía dinámica es una cirugía mayor que tiene riesgos importantes. Las complicaciones pueden incluir infección alrededor de los electrodos o en el área anal o del muslo, desprendimiento o erosión muscular, alteración del vaciamiento del recto, y mal funcionamiento de la batería.

Para evitar exponer el ano a las heces mientras se cura, el cirujano realiza una colostomía temporal o ileostomía de asa, la cual desvía las evacuaciones a través de una abertura en el abdomen en lugar del recto. Después de la recuperación de la cirugía, la colostomía o la ileostomía se cierran, reestableciéndose el flujo normal de las heces.

Estimulación del nervio sacro

Un nuevo tratamiento prometedor para la incontinencia fecal incluye estimulación eléctrica. Estos nervios corren desde la médula espinal hasta los músculos de la pelvis. Los nervios regulan la sensación y la fuerza de los músculos del recto y del esfínter anal. La estimulación eléctrica directa de los nervios sacros mostró primero ser efectiva en el tratamiento de la incontinencia urinaria, y estudios ofrecen la esperanza de que también ayude con la incontinencia fecal. (Véase una imagen de la estimulación del nervio sacro en la página 91.)

Este tratamiento se puede recomendar si la terapia conductual y los medicamentos no han mejorado la incontinencia fecal o para personas que todavía presentan incontinencia después de la cirugía para la reparación del esfínter anal. La estimulación del nervio sacro es más efectiva si el esfínter anal está intacto.

El procedimiento por lo general se hace en un quirófano en el hospital o en una clínica ambulatoria. El paciente recibe un medicamento para sedación, así como un anestésico local en el área involucrada —en la espalda, debajo de la cintura y por arriba del lugar donde se sienta.

La estimulación del nervio sacro se hace por etapas. Primero el médico utiliza un dispositivo de rayos X para identificar los lugares en el sacro (el hueso triangular en la parte media de la pelvis) en donde se localizan los nervios sacros. Se inserta una aguja en los nervios sacros que controlan el intestino, la vejiga y el piso pélvico. La aguja se conecta a un dispositivo externo que genera pulsos eléctricos que estimulan los nervios. El médico revisa las respuestas musculares y sensoriales a esta estimulación eléctrica.

Una vez que se han notado respuestas adecuadas, el cable permanente (crónico), o alambre, se une a los nervios sacros. El cable se tuneliza debajo de la piel y se conecta a otro fuera de la misma. Durante esta fase inicial, la estimulación eléctrica se controla a través de una unidad pequeña de baterías que el paciente puede llevar. El paciente llevará un diario intestinal durante dos semanas para registrar los resultados de la estimulación. Si la incontinencia y la calidad de vida mejoran, entonces se puede regresar y retirar el alambre externo para colocar una unidad de baterías programable, implantable debajo de la piel.

La unidad de batería, o generador, se coloca en la parte superior de los glúteos y se conecta al alambre permanente. La unidad produce impulsos eléctricos que estimulan a los nervios sacros, lo cual ayuda a recuperar la continencia. El generador tiene una unidad de control externa, de manera que el paciente puede ajustar el programa. Necesitará ver al médico cada cuatro a seis meses para asegurarse que el dispositivo está programado de manera correcta. La batería puede durar de cinco a 10 años.

La estimulación del nervio sacro todavía se considera un tratamiento experimental para la incontinencia fecal, pero parece representar una promesa. Es mucho menos invasiva que otros abordajes quirúrgicos y tiene otras ventajas también. El procedimiento tiene pocos riesgos de complicaciones importantes y no empeorará los síntomas o causará daño nervioso.

Otros procedimientos

Dependiendo de la causa de la incontinencia fecal y de la gravedad de los síntomas, se pueden considerar otros procedimientos quirúgicos.

Cirugías para tratar el prolapso rectal, las hemorroides y el rectocele. El prolapso rectal, una condición en la cual una parte del recto protruye a través del ano, debilita el esfínter anal. En ciertas circunstancias, como en el estreñimiento y pujo crónicos, los ligamentos en el recto se estiran y pierden la capacidad de contener las heces en su lugar. La corrección quirúrgica del prolapso rectal puede se necesaria junto con la reparación del músculo del esfínter. En las mujeres, una protrusión del recto a través de la vagina (rectocele) puede necesitar

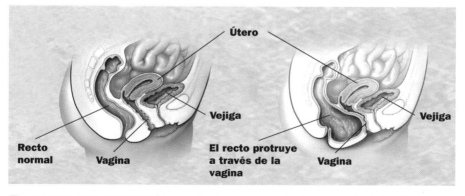

El rectocele es una protrusión semejante a una hernia de una parte del recto hacia la vagina. Los músculos del piso pélvico debilitados pueden producir rectocele e incontinencia fecal.

tratamiento quirúrgico para corregir la incontinencia fecal. (Véanse las imágenes de un recto y vagina normales y el rectocele más adelante.)

Las hemorroides internas prolapsadas pueden evitar un cierre completo del esfínter anal, lo cual lleva a incontinencia fecal. Es posible que las hemorroides estén cerca de la parte superior o inicio del canal anal (hemorroides internas) o en la porción inferior de la abertura anal (hemorroides externas). Las hemorroides se tratan con hemorroidectomía convencional, un procedimiento quirúrgico para eliminar el tejido hemorroidario.

Colostomía. Como último recurso, la colostomía puede ser la forma definitiva de corregir la incontinencia fecal, en particular en adultos mayores. En una colostomía, el cirujano une el extremo del intestino a una abertura en el abdomen y se fija una bolsa a esta abertura para colectar las heces.

Una colostomía a menudo se realiza con laparoscopía de mínima invasión, la cual usa un tubo iluminado (laparoscopio) a través de una pequeña incisión. Las bolsas de colostomía modernas son invisibles cuando el paciente está vestido, y controlan el olor de una manera muy eficaz. Para muchas personas, una colostomía ofrece una alternativa más aceptable socialmente para la incontinencia fecal grave, incontrolable.

Esperanza para el futuro

Como ha leído, el tratamiento para la incontinencia fecal depende de su causa. Dado el rango de tratamientos disponibles, la mayoría de las personas puede encontrar cierto alivio. Con las pruebas adecuadas y un médico sensible, capacitado, se puede obtener tratamiento que ofrezca buenos resultados y mejore la calidad de vida.

Apéndice

Este apéndice ayuda al paciente y al médico a determinar si existe incontinencia urinaria o fecal. Además, brinda una lista de medicamentos, alimentos y bebidas que podrían jugar un papel en la incontinencia y ofrece sugerencias de algunas cosas que se pueden hacer en casa y en el trabajo para ayudar a reducir los signos y síntomas de la incontinencia.

Diario vesical

Es una cuenta detallada diaria de los síntomas y otra información relacionada con los hábitos intestinales. Puede ayudar al paciente y al médico a determinar las causas de los problemas para controlar la vejiga.

Para llevar un diario vesical, se registra qué y cuánto se bebe, cuándo se orina, la cantidad de orina que se produce, si se presentó urgencia de orinar y el número de episodios de incontinencia. Si se presenta fuga de orina, se anota la cantidad aproximada y qué se estaba haciendo cuando se presentó la fuga. Para medir la orina, el médico podría darle un recipiente que se ajuste en el borde del baño. El recipiente tiene marcas como una taza medidora. Una alternativa más sencilla es describir la cantidad en términos más generales, como pequeña, media, o abundante. Haga lo que funcione mejor para usted.

Los médicos recomiendan llevar un diario vesical durante dos a siete días y noches consecutivos. Elija el momento que mejor represente su vida normal. Evite llevar el diario durante las vacaciones u otros cambios en su rutina. Además, en el caso de las mujeres, evite empezar el diario durante el periodo menstrual. El aumento en los viajes al baño en esos días puede sesgar los resultados.

Ejemplo de diario vesical

(Saque copias de este diario para usar en el seguimiento de los episodios de incontinencia.)

Hora	Líquidos		Orinar en el baño (número de veces)	¿Cuánto? (cantidad pequeña, media o abundante)
	¿De qué tipo?	¿Cuánto?		
Muestra	*café*	*2 tazas*	✓	*media*
6 am a 8 am				
8 am a 10 am				
10 am a medio día				
Mediodía a las 2 pm				
2 pm a 4 pm				
4 pm a 6 pm				
6 pm a 8 pm				
8 pm a 10 pm				
10 pm a medianoche				
Medianoche a 2 am				
2 am a 4 am				
4 am a 6 am				

Restricciones dietéticas

Algunas de las cosas que come o bebe podrían irritar la vejiga o el intestino y agravar los signos y síntomas de la incontinencia. Lleve un diario de lo que come y bebe y de los signos y síntomas, podría empezar a ver una conexión entre ciertos alimentos y bebidas y la incontinencia. Haga una lista de lo que come y bebe, qué cantidad y cuándo tiene un episodio de incontinencia.

No es necesario evitar todos los alimentos presentados en las páginas 189-191. Después de que identifique un alimento o una bebida que al parecer cause problemas, intente reducirlo o eliminarlo de su dieta por una semana o dos. Si los signos y síntomas mejoran, considere evitarlo de manera permanente o por lo menos reducir la cantidad que consume.

Irritantes vesicales

La siguiente lista incluye alimentos y bebidas que pueden producir irritabilidad vesical. Pregunte al médico si tiene dudas acerca de cuáles alimentos o bebidas podrían estar causando problemas. Recuerde que

¿Sintió un deseo fuerte de orinar?	Fuga de orina (número de veces)	¿Cuánto? (cantidad pequeña, media o abundante)	Actividad cuando se presentó la fuga
no	✓ ✓	*pequeña*	*correr*

no es necesario eliminar por completo todo lo que se presenta a continuación:

Bebidas carbonatadas
- Refrescos
- Agua carbonatada

Alcohol
- Cerveza
- Vino, vinos frescos
- Licor

Cafeína
- Café
- Té
- Chocolate
- Algunos medicamentos

Cítricos y jugos
- Naranja
- Toronja
- Limón
- Lima
- Mango
- Piña
- Suplementos de vitamina C

Tomates y alimentos con base de tomate
- Jugo de tomate
- Puré de tomate
- Salsa barbecue
- Chile

Alimentos muy condimentados
- Alimentos que usan chiles u otras especies fuertes

Leche y productos lácteos
- Queso
- Yogur
- Helado

Azúcar y otros endulzantes
- Jarabes de maíz
- Miel
- Fructosa
- Sucrosa
- Lactosa

Irritantes intestinales
Alimentos y bebidas que pueden causar diarrea y agravar la incontinencia fecal incluyen:
- Cafeína
- Carnes curadas o ahumadas, como el chorizo, jamón y pavo
- Alimentos condimentados
- Alcohol
- Lácteos
- Frutas como las manzanas, duraznos y peras

- Alimentos grasosos
- Endulzantes como el sorbitol, xilitol, manitol y fructosa, los cuales se encuentran en bebidas dietéticas, gomitas sin azúcar y dulces, chocolates y jugos de frutas

Medicamentos que pueden causar incontinencia

Los medicamentos que se toman para otra condición médica podrían causar o contribuir con la incontinencia. Asegúrese de decirle al médico acerca de cualquier medicamento —de prescripción o de venta sin receta, incluyendo suplementos de vitaminas y minerales— que toma. Si el medicamento puede estar contribuyendo con la incontinencia es probable que el médico sugiera una dosis diferente, o un cambio en el momento del día en el que toma su medicamento. Vea en los cuadros que empiezan en la página 192 una lista de medicamentos que pueden contribuir con la incontinencia.

Ejercicios del piso pélvico

Los ejercicios del piso pélvico incluyen apretar y relajar los músculos en el área pélvica y genital. Estos ejercicios ayudan a mantener la fuerza, resistencia y acción adecuada de los músculos del piso pélvico, lo cual es importante para el control vesical e intestinal. Los ejercicios también se refieren como ejercicios de Kegel, después de que Arnold Kegel fuera el médico que los describió primero. Cuando se realizan de manera correcta, los ejercicios del piso pélvico regulares pueden ayudar a mejorar o mantener el control vesical e intestinal.

Cómo hacer los ejercicios del piso pélvico

Primero localice los músculos del piso pélvico. Imagine que está intentando de evitar sacar un gas. Apriete y eleve el área rectal y, en el caso de las mujeres, el área vaginal, sin apretar los glúteos o el abdomen. Se debe sentir un jalón o sensación de cierre en el área genital cuando aprieta. Los varones pueden sentir que el pene se jala hacia adentro de manera ligera. Éstas son tres formas de practicar los ejercicios del piso pélvico:
- Contener. Este ejercicio trabaja la capacidad de los músculos para contener. Apriete despacio, levante y jale hacia dentro los músculos del piso pélvico y manténgalo hasta la cuenta de tres. Relájese, después

Medicamentos que pueden causar o empeorar la incontinencia urina

Tipo de medicamentos	Ejemplos
Pastillas para orinar	• Furosemida • Clorotiacida • Indapamida • Espironolactona
Para la presión arterial alta (antihipertensivos)	• Prazosina • Terazosina • Doxazosina • Metildopa • Reserpina
Corazón (bloqueadores del canal de calcio)	• Verapamil • Nifedipina • Diltiacem
Corazón (betabloqueadores)	• Pindolol
Corazón (antiarrítmicos)	• Disopiramida
Relajantes musculares sedantes	• Diacepam • Chiordiazepoxide, • Alprazolam, • Lorazepan
Medicamentos antiparkinsonianos	• Benztropina • Trihexilfenidil
Anticolinérgicos (antiespasmódicos)	• Hiosciamina • Oxibutinina
Analgésicos narcóticos	• Morfina • Codeína • Acetaminofén y oxicodona • Oxicodona
Remedios para el resfriado	De venta sin receta
Antihistamínicos	• Difenhidramina

Efectos

Sobreproducción de orina, lo cual puede sobrepasar una vejiga ya estresada (diuréticos).

Relajación del esfínter uretral, lo cual puede producir fuga de orina.

Relajación del músculo vesical (detrusor), lo cual lleva a vaciamiento incompleto de la vejiga e incontinencia por rebosamiento.

Relajación del músculo vesical, lo cual lleva a vaciamiento incompleto e incontinencia por rebosamiento.

Vaciamiento incompleto de la vejiga e incontinencia por rebosamiento.

Relajación del esfínter uretral, lo cual lleva a fuga de orina. La sedación, y el delirio y la confusión también pueden disminuir la conciencia de la necesidad de orinar.

Bloquea la contracción del músculo vesical. La vejiga se llena tanto que una contracción súbita, incontrolable, causa incontinencia por rebosamiento.

Muestra actividad en el colon, causa estreñimiento, lo cual puede obstruir el flujo de orina y agravar la vejiga hiperactiva.

Hace más lento el paso de alimentos y desechos a través del tracto digestivo, lo cual da como resultado estreñimiento; éste puede obstruir el flujo de orina y agravar una vejiga hiperactiva.

Vaciamiento vesical incompleto, dificultad para orinar, chorro débil, fuga, frecuencia.

Hace más lenta la actividad en el colon causando estreñimiento, lo cual puede obstruir el flujo de orina y agravar una vejiga hiperactiva.

Medicamentos que pueden causar o agravar la incontinencia fecal

Tipo de medicamento	Ejemplos
Laxantes y ablandadores de las heces	• Metilcelulosa, *psyllium* Sales de magnesio • Aceite mineral y bisacodil • Docusato
Anticolinérgicos	• Hiosciamina • Oxibutinina
Antidepresivos	• Imipramina • Amitriptilina
Analgésicos narcóticos	• Morfina • Codeína • Acetaminofén y oxicodona • Oxicodona
Medicamentos para la diabetes	• Metformina
Medicamentos para eliminar agua (diuréticos)	• Furosemida • Clorotiacida • Indapamida • Espironolactona
Suplementos de hierro y calcio	• Hierro • Calcio
Antiácidos	• Leche de magnesia

repita. Es probable que al principio no pueda apretar los músculos por mucho tiempo. Empiece conteniendo uno o dos segundos, y de manera gradual aumente durante un periodo de varias semanas hasta una meta de 10 segundos. Si siente que la contracción se va, sólo vuelva a apretar los músculos. Descanse por 10 segundos entre cada contracción. Con el tiempo las contracciones serán más fuertes.

• Movimientos rápidos. Este ejercicio es una serie de contracciones y relajaciones rápidas. Rápidamente se aprietan los músculos, se levantan y después se relajan.

Efecto

Diarrea y urgencia
(Fiberall, Hydrocil, Metamucil, Reguloid)

Hace más lenta la actividad en el intestino grueso, lo cual produce estreñimiento y posible incontinencia fecal.

Relajación del tejido vesical, lo cual produce vaciamiento vesical incompleto e incontinencia por rebosamiento.

Hace más lento el paso de alimentos y desechos a través del tracto digestivo, lo cual da como resultado estreñimiento.

Diarrea crónica que podría empezar mucho después de tomar el medicamento.

Aumenta la producción de orina y la pérdida de sales y agua del cuerpo, lo cual puede secar las heces y producir estreñimiento.

En algunas personas, estreñimiento y diarrea.

Seca las heces, lo cual produce estreñimiento.

- Control del impulso. Este ejercicio se puede hacer cuando se siente el deseo de ir al baño. Primero, deténgase y párese muy quieto. Siéntese si puede. Relájese. Tome una respiración profunda, después saque el aire. Intente pensar en otra cosa que no sea ir al baño. Contraiga los músculos del piso pélvico tres a cuatro veces para evitar que haya una fuga. Cuando sienta que el impulso disminuye de alguna manera, camine con normalidad al baño. Si la urgencia se presenta de nuevo en el camino, deténgase y repita el ejercicio.

Se pueden hacer los ejercicios del piso pélvico casi en cualquier lado —mientras maneja, ve la televisión o está sentado en su escritorio. Pregunte al médico cuántos ejercicios hacer durante el día. Un programa de inicio sencillo es hacer 10 antes de salir de la cama en la mañana, 10 después del almuerzo, 10 en la tarde mientras ve la televisión, lee o lava los trastes y otros 10 antes de dormirse.

Después de seis a 12 semanas de hacer los ejercicios del piso pélvico de una manera correcta, se deben notar mejorías en el control vesical e intestinal. Para fortalecer más los músculos urinario y del piso pélvico, las mujeres pueden usar pesas vaginales; son conos en forma de tampón que se insertan en la vagina y se tratan de mantener en su lugar. Se sabe que la contracción se está haciendo de manera incorrecta si el cono se sale. Conforme mejore la técnica de contracción y los músculos se fortalezcan, se aumenta el peso del cono.

Cosas para recordar

Algunas cosas para recordar cuando se hacen los ejercicios del piso pélvico:

- Evitar hacerlos mientras orina. Esto puede causar dificultades para vaciar la vejiga.
- No pujar mientras se están haciendo estos ejercicios. Los músculos abdominales, de los glúteos y de los muslos no se deben apretar. Póngase la mano en el abdomen. Si las manos sienten presión, está pujando.
- Para volver a revisar que está contrayendo los músculos correctos, intente hacer los ejercicios frente a un espejo. Otra forma de asegurarse de que está haciendo los ejercicios de manera correcta es una sencilla prueba con el dedo. Coloque un dedo limpio en el ano o en la vagina (en el caso de las mujeres). Esto puede ser más fácil de hacer mientras está en la regadera o con ayuda de un guante de hule y un lubricante. Después apriete alrededor del dedo. Los músculos que contrae son los del piso pélvico. Si todavía no está seguro de que está usando los músculos correctos, pida al médico que lo refiera a un terapista físico para técnicas de retroalimentación que le ayudarán a identificar y contraer los músculos correctos. La estimulación eléctrica es otra alternativa.
- Aunque es posible que no pueda contener la contracción por más de un segundo al principio, con la práctica regular podría contener las contracciones por más tiempo.

- Contraiga los músculos del piso pélvico antes de un evento que produzca que se salga la orina, como sonarse la nariz, estornudar o toser. Por ejemplo, conforme sienta el deseo de toser, apriete los músculos del piso pélvico antes o durante la tos.
- Después de los primeros días de hacer los ejercicios podría sentirse un poco adolorido alrededor del área pélvica. Esto es normal y desaparecerá conforme los músculos se fortalezcan. Pero no se sobrepase. Si el dolor se hace muy incómodo, hable con el médico.

Diario intestinal

Un diario intestinal por lo general se usa junto con un registro de lo que come o bebe para ayudar a determinar la causa de la incontinencia fecal. En él, se registra la fecha y la hora de las evacuaciones, la consistencia de las heces, si se siente el deseo de ir al baño y cualquier episodio de incontinencia. Es también útil anotar cualquier sensación de pujo, malestar o vaciamiento incompleto, y uso de enemas o laxantes.

Los médicos recomiendan llevar un diario intestinal durante por lo menos una semana. Elija el momento que represente mejor su vida cotidiana. Evite llevar el diario durante las vacaciones o cuando esté en otros cambios en su rutina normal.

Use el diario intestinal que se presenta en la siguiente página para llevar un registro de los episodios de incontinencia fecal. Es deseable sacar copias del diario y tenerlas en el baño para que sea más fácil registrar cada episodio. Llevar un diario intestinal puede ser un primer paso importante en la determinación de la causa de la incontinencia.

Instrucción vesical

La instrucción vesical (ejercicios de vaciamiento programado) es una forma de entrenamiento vesical, o esquema para orinar. La meta es mejorar la continencia urinaria de manera gradual. Esto se logra al:
- aumentar el tiempo entre los viajes al baño
- aumentar la cantidad de líquido que la vejiga puede contener
- disminuir la sensación de urgencia y la fuga que se presenta.

Los cambios en los hábitos urinarios se presentan a los 12 días más o menos. Es mejor empezar en un fin de semana o un día en el que se

---

Ejemplo de diario intestinal

Registre un episodio intestinal por columna en el diario, incluso si hay más de uno al día. Elija la mejor respuesta para cada pregunta. Saque copias del diario conforme se necesit

Fecha: _____

Hora: _____ am/pm

Fecha: _____

Hora: _____ am/pm

Cantidad de heces	Cantidad de heces	Cantidad de heces	Cantidad de he
☐ Ninguna	☐ Manchado	☐ Ninguna	☐ Manchado
☐ Menor	☐ Abundante	☐ Menor	☐ Abundante

¿Tuvo que apresurarse
para llegar al baño?   ☐ S   ☐ N

☐ S   ☐ N

¿Cuánto tiempo contuvo la evacuación?

Minutos:

Descripción de las heces (encierre en un círculo
el número que describa mejor la consistencia)*
                     1 2 3 4 5 6 7

1 2 3 4 5 6 7

¿El episodio de presentó mientras estaba
durmiendo, o lo despertó?
☐ Mientras dormía   ☐ Me despertó

☐ Mientras dormía
☐ Me despertó

* Consistencia de las heces: bolitas = 1, formadas y duras = 2, formadas y blandas = 3,
semiformadas = 4, pulposa = 5, sueltas = 6, acuosas = 7

---

planee estar en casa o cerca de un baño. Es deseable hablar con el médico antes de empezar este plan.

Cuando siga este programa, considere estos consejos:

- Asegúrese de tomar suficientes líquidos cada día. Tomar cantidades adecuadas y vaciar la vejiga a intervalos regulares ayuda a disminuir el riesgo de infecciones vesicales.
- Lleve un diario vesical (véanse las páginas 188-189) como una forma de registrar su progreso.
- Usted es el mejor juez de qué tan rápido avanza hacia el siguiente paso. Estos lineamientos son sugerencias generales, pero podría encontrar que un ritmo diferente funciona mejor para usted. Por ejemplo, podría decidir aumentar el tiempo entre cada vaciamiento cada dos días en lugar de cada tres. O podría encontrar más cómodo cambiar de orinar cada hora a cada 1 ¼ horas en lugar de 1 ½ horas.

Fecha:_____   Fecha: _____
Hora: _____ am/pm   Hora: _____ am/pm

☐ Ninguna   ☐ Manchado   ☐ Ninguna   ☐ Manchado
☐ Menor   ☐ Abundante   ☐ Menor   ☐ Abundante

☐ S ☐ N   ☐ S ☐ N
Minutos: Minutos:

1 2 3 4 5 6 7   1 2 3 4 5 6 7

☐ Mientras dormía   ☐ Mientras dormía
☐ Me despertó   ☐ Me despertó

- Cuando sienta urgencia de ir antes del siguiente momento programado, trate de hacer ejercicios de los músculos del piso pélvico (véase la página 191). Si es posible, siéntese hasta que pase la sensación. Recuérdese que la vejiga no está llena en realidad y trate de pensar en otra cosa.

- Durante varias semanas o meses podría notar que puede esperar de 3 a 3 $\frac{1}{2}$ horas entre cada viaje al baño y que tiene menos sensaciones de urgencia y episodios de incontinencia.

Preguntas para el médico

Para encontrar a un médico que ayude con la incontinencia, empiece haciendo algunas preguntas. Una vez que tenga una lista corta de posibles proveedores de atención, llame a sus consultorios. O podría hacer una cita para entrevistarse con el médico y ver si se comunica con

Esquema de instrucción vesical

Días 1 a 3	Después de despertar, vacíe la vejiga cada hora a la hora, incluso si no siente la necesidad de hacerlo. Asegúrese de tomar por lo menos ocho vasos de líquido al día. Durante la noche, sólo vaya al baño si despierta y tiene que hacerlo.
Días 4 a 6	Aumente el tiempo entre el vaciamiento de la vejiga a cada 1 ½ horas, con la misma cantidad de líquido y las instrucciones por la noche que se mencionaron antes.
Días 7 a 9	Aumente el tiempo entre el vaciamiento de la vejiga a cada dos horas, con la misma cantidad de líquido y las instrucciones por la noche que se mencionaron antes.
Días 10 a 12	Aumente el tiempo entre el vaciamiento de la vejiga a cada 2 ½ horas, con la misma cantidad de líquido y las instrucciones por la noche que se mencionaron antes. Estimúlese para orinar cada 3 a 3 ½ horas.

usted. Una de las cosas más importantes que puede hacer un médico es reconocer el problema con simpatía y apoyo.

Las siguientes son posibles preguntas para pensar cuando elija a un médico:

- ¿Cuál es la formación del médico y su entrenamiento acerca de la incontinencia?
- ¿Qué tan larga es la espera para obtener una cita?
- ¿El médico es parte de su plan de seguro de salud?
- ¿El médico escucha sus preocupaciones acerca de la incontinencia, responde a sus preguntas y explica las cosas con claridad?
- ¿Parece interesado sinceramente en tratar la incontinencia?

Una vez que haya elegido a un proveedor de atención, podría tener preguntas acerca de medicamentos, pruebas y tratamiento.

Acerca de las pruebas:

- ¿Qué mostrará esta prueba?
- ¿Qué tan exacta es?
- ¿Hay riesgos o efectos secundarios?
- ¿Será incómoda?
- ¿Necesito hacer algo especial antes o después de la prueba?

Acerca de los medicamentos:
- ¿Por qué necesito este medicamento?
- ¿Hay algún efecto secundario?
- ¿Qué tan rápido mejorarán mis síntomas?
- ¿Hay alguna indicación especial?

Acerca de los tratamientos:
- ¿Cuáles son los beneficios y los riesgos?
- ¿Cuándo puedo esperar ver mejoría de mi condición?
- ¿Hay otros tratamientos disponibles?
- ¿Me puede referir a otro médico para una segunda opinión?
- Si se requiere cirugía, ¿cuánto tiempo estaré hospitalizado?
- ¿Cuál es el tiempo promedio de recuperación?
- ¿Se puede curar mi problema?
- ¿Cuáles productos para la incontinencia y para el cuidado de la piel me ayudarían a manejarla mejor?

Cuestionarios de síntomas de la incontinencia

Para determinar la gravedad de los síntomas, es posible que el médico le pida que llene un cuestionario acerca de su experiencia con la incontinencia. Se han desarrollado varios tipos diferentes de cuestionarios de síntomas —algunas veces llamados valoraciones de la calidad de vida— tanto para la incontinencia urinaria como para la fecal. Estos cuestionarios sirven como herramientas para ayudar al médico a valorar la gravedad de los síntomas, tomar decisiones de tratamiento y evaluar el éxito de varios abordajes de tratamiento. Los cuestionarios también pueden ayudar al médico y al paciente a comprender cómo está afectando la incontinencia la calidad de vida en general.

Algunos cuestionarios de calidad de vida utilizados con más frecuencia en la incontinencia urinaria incluyen el *Incontinence Impact Questionaire* (IIQ), el *Urogenital Distress Inventory* (UDI), y el *International Prostate Symptom Score* (IPSS) —para varones.

Recursos adicionales

The AGS Foundation for Health in Aging
The American Geriatrics Society
www.healthinaging.org

Alliance for Aging Research
2021 K St., N.W.
Suite 305
Washington, D.C. 20006
(202) 293-2856
www.agingresearch.org

American Foundation for Urologic Disease
1000 Corporate Blvd.
Suite 410
Linthicum, MD 21090
(800) 828-7866 or (410) 689-3990
www.afud.org

American Medical Women's Association
801 N. Fairfax St.
Suite 400
Alexandria, VA 22314
(703) 838-0500
www.amwa-doc.org

American Urogynecologic Society
2025 M St., N.W.
Suite 800
Washington, D.C. 20036
(202) 367-1167
www.augs.org

American Urological Association
UrologyHealth.Org
www.urologyhealth.org

Bladder Advisory Council of the American Foundation for Urologic Disease
www.incontinence.org/index

International Continence Society
9 Portland Square
Bristol BS2 8ST
United Kingdom
44-117-9444881
www.continet.org

**International Foundation for
Functional Gastrointestinal
Disorders (IFFGD)**
P.O. Box 170864
Milwaukee, WI 53217
(414) 964-1799 or (888) 964-2001
www.iffgd.org

**National Association For
Continence (NAFC)**
P.O. Box 1019
Charleston, SC 29402
(800) 252-3337 or (843) 377-0900
www.nafc.org

**National Digestive Diseases
Information Clearinghouse
(NDDIC)**
2 Information Way
Bethesda, MD 20892
(800) 891-5389
www.digestive.niddk.nih.gov

National Institute on Aging
Building 31, Room 5C27
31 Center Drive, MSC 2292
Bethesda, MD 20892
(301) 496-1752
www.nia.nih.gov

National Institutes of Health
9000 Rockville Pike
Bethesda, MD 20892
(301) 496-4000
www.health.nih.gov

**National Kidney and Urologic
Diseases Information
Clearinghouse (NKUDIC)**
3 Information Way
Bethesda, MD 20892
(800) 891-5390 or (301) 654-4415
www.kidney.niddk.nih.gov

**National Women's Health
Information Center**
8550 Arlington Blvd.
Suite 300
Fairfax, VA 22031
(800) 994-9662
www.4woman.gov

**The Simon Foundation for
Continence**
P.O. Box 815
Wilmette, IL 60091
(800) 237-4666
www.simonfoundation.org

Índice

Este libro ha sido editado y producido
por Intersistemas, S.A. de C.V.
Aguiar y Seijas 75 Col. Lomas de Chapultepec
11000 México, D.F.
Teléfono 5520 2073 Fax 5540 3764
intersistemas@intersistemas.com.mx
Esta edición terminó de imprimirse en 2009 en EDAMSA,
Av. Hidalgo No.111, Col. Fracc. San Nicolás Tolentino, Iztapalapa, México, D.F.
El tiro de esta edición consta de 1 500 ejemplares
más sobrantes para reposición
Hecho en México.